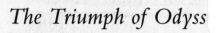

*The Triumph of Odyss*

τὴν δ' αὖ Τηλέμαχος πεπνυμένος ἀντίον ηὔδα·
"μῆτερ ἐμή"

THE JOINT ASSOCIATION OF
CLASSICAL TEACHERS' GREEK COURSE

# The Triumph of Odysseus

## HOMER'S ODYSSEY BOOKS 21–22

Introduction, Text and Running Vocabulary

CAMBRIDGE
UNIVERSITY PRESS

Published by the Press Syndicate of the University of Cambridge
The Pitt Building, Trumpington Street, Cambridge CB2 1RP
40 West 20th Street, New York, NY 10011-4211, USA
10 Stamford Road, Oakleigh, Melbourne 3166, Australia

First published 1996

Printed in Great Britain at the University Press, Cambridge

*A catalogue record for this book is available from the British Library*

*Library of Congress cataloguing in publication data*

Homer.
[Odyssey. Books 21–22]
The triumph of Odysseus: Homer's Odyssey books 21–22 :
introduction, text, and running vocabulary / The Joint Association
of Classical Teachers' Greek Course.
    p.    cm.
Includes bibliographical references.
Text in Greek; introduction and running vocabulary in English.
ISBN 0 521 46587 7 (paperback)
1. Odysseus (Greek mythology) – Poetry. 2. Epic poetry, Greek.
I. Joint Association of Classical Teachers. Greek Course.
II. Title.
PA4022.P21 1996
883'.01 – dc20
ISBN 0 521 46587 7 paperback   95-11015   CIP

# CONTENTS

# PREFACE

This text is part of the Joint Association of Classical Teachers' Greek Project series, which is aimed at beginning students in the upper school, at university and in adult education.

The first volumes in the series, *Reading Greek* (*Text* and *Grammar, Vocabulary and Exercises* (CUP 1978)) are for outright beginners. The two follow-up volumes (*World of Heroes* (CUP 1979) and *The Intellectual Revolution* (CUP 1980)) take students on from *Reading Greek* and give them a graded introduction to six of the most important authors of the Ancient Greek world. For a full description of the course and how it was set up, see any of these early volumes.

*The Triumph of Odysseus: Homer's Odyssey Books 21–22* is the third of the follow-up volumes. Vocabulary is appended after each section of the text, selected on the assumption that the reader is acquainted with the vocabulary and grammar of *Reading Greek*. The principles of glossing are explained on pp. xi–xii, where it is made clear that anyone can use this text (whatever book they learned Greek from) if they have *Greek Vocabulary* (JACT/CUP 1980) to hand.

In one respect, however, the principles of glossing are different from earlier volumes. Instead of listing vocabulary in alphabetical order on the facing page, we list it in order of its occurrence.

In text selection too there are changes. In response to general demand, this volume carries the complete text of *Odyssey* 21–22, not selections from it. In keeping with this policy, the Introduction is much fuller, and concentrates on some of the issues which *Odyssey* 21–22 raises, as well as providing an up-to-date reading list.

While the authors take full responsibility for the text, they can claim no credit for the illustrations. Professor Brian Sparkes (University of Southampton) has yet again brought his unmatched knowledge and inventiveness to bear on their selection, adding visual joy to what would otherwise be just a useful text.

Peter Jones (Director, JACT Greek Project)
Department of Classics, University of Newcastle upon Tyne,
    NEI 7RU
Alan Beale, Central Newcastle High School, Newcastle upon Tyne

# ABBREVIATIONS

abs.(olute)
acc.(usative)
act.(ive)
adj.(ective)
adv.(erb)
aor.(ist)
art.(icle)
cf. (= confer) (Latin: 'compare')
dat.(ive)
del.(iberative)
f.(eminine)
fut.(ure)
gen.(itive)
imper.(ative)
impf.(= imperfect)
ind.(icative)
inf.(initive)
intr.(ansitive)
irr.(egular)
lit.(erally)
m.(asculine)
mid.(dle)

n.(euter)
nom.(inative)
part.(iciple)
pass.(ive)
perf.(ect)
pl.(ural)
plup.(erfect)
pres.(ent)
s.(ingular)
sc.(ilicet) (Latin: 'presumably')
subj.(unctive)
tr.(anslate)
voc.(ative)

1st, 2nd, 3rd *refer to persons of the verb, i.e.*

1st s.  = 'I'
2nd s.  = 'you'
3rd s.  = 'he, she, it'
1st pl.  = 'we'
2nd pl. = 'you'
3rd pl. = 'they'

# NOTES

## THE DECLENSION OF 'ODYSSEUS'

| | | | |
|---|---|---|---|
| *nom.* | Ὀδυσ(σ)εύς | *gen.* | Ὀδυσ(σ)ῆος |
| *voc.* | Ὀδυσ(σ)εῦ | | Ὀδυσεῦς |
| *acc.* | Ὀδυσ(σ)έα | *dat.* | Ὀδυσ(σ)ῆι |
| | Ὀδυσ(σ)ῆα | | Ὀδυσεῖ |

## CONVENTIONS

1 Noun-types are indicated by a number and letter, e.g. a noun labelled

| | | | |
|---|---|---|---|
| 1a | declines like βοή | 3b | πρᾶγμα |
| 1b | ἀπορία | 3c | πλῆθος |
| 1c | τόλμα | 3d | τριήρης |
| 1d | ναύτης, νεανίας | 3e | πόλις, πρέσβυς |
| 2a | ἄνθρωπος | 3f | ἄστυ |
| 2b | ἔργον | 3g | βασιλεύς |
| 3a | λιμήν | 3h | ὀφρῦς |

The label '3' without a letter indicates an irregular third-declension noun.

2 Adjectives are quoted as follows: καλός ή όν, βραχύς εἶα ύ, ἀληθής ές, κακοδαίμων ον.

3 The most common alternative stem(s) of verbs are quoted unaugmented in brackets after the lexicon form, e.g. μανθάνω (μαθ-).

## VOCABULARY

It is assumed that the learning vocabulary of *Reading Greek* and the forms of the Homeric dialect (*Reading Greek* Section 19, Reference Grammar A4) are known. Those unacquainted with the *Reading Greek* vocabulary should consult *Greek Vocabulary* (JACT/CUP 1980), which contains it all. Vocabulary to be learned in this text is marked with an asterisk and will not be repeated in the running vocabularies (the complete vocabulary to be learned is gathered for reference on p. 82). Names are glossed only on first appearance. 'Cf.' + line-reference indicates a repeated, or near-repeated, line. For the declension of Ὀδυσ(σ)εύς, see p. xi.

The Greek text is taken from the Oxford Classical Text of Homer's *Odyssey*.

# INTRODUCTION

## Odyssey Books 13–20

After ten years fighting at Troy, three years on the high seas and seven years held by the demi-goddess Kalypso in the cave on her island, Odysseus has finally returned to his homeland, the island of Ithaka. He is met by his patron goddess Athene, who disguises him as a bleary old beggar, and sends him first to the hut of his faithful swineherd Eumaios, in the countryside, well away from his palace (Book 13).

Eumaios, though poor, welcomes the beggar warmly and shows him generous hospitality. In the course of his stay there Odysseus slowly draws out of him the situation in the palace – how his wife Penelope is beset by suitors, aristocratic young thugs from Ithaka and surrounding territory who are intent on forcing marriage upon her, and are ruthlessly eating her out of house and home while they wait; how Penelope has withdrawn into a protective shell as her only defence against them, though she still clutches at every straw of hope brought by even the most disreputable traveller who claims to have news of her husband; and how her son Telemakhos (newly born when Odysseus left for Troy twenty years earlier) has gone abroad to seek news of his father (Book 14).

With the beggar Odysseus now safely lodged in Eumaios' hut, the goddess Athene goes to Sparta, where Telemakhos has been enquiring after his father from Menelaos, husband of Helen (whose seduction by the Trojan Paris had started the Trojan War twenty years earlier). Athene instructs Telemakhos to return to Ithaka at once, taking care to avoid the ambush which the suitors have laid for him, and to go to Eumaios' hut (Book 15). This he does, and there Athene (unbeknown to Eumaios) engineers an emotional recognition between Telemakhos and the father he has heard so much about but never seen. Odysseus and Telemakhos now plan their next move – Odysseus' entrance, still in disguise, into the palace – and Odysseus instructs his son to put up with any assaults the suitors may make on him (though he may attempt gently to persuade them otherwise); not to give him away; and to remove the weapons from the hall (Book 16).

Next day Telemakhos sets out for the palace, with instructions to Eumaios and the beggar Odysseus to follow. He is rapturously greeted by his mother Penelope, who was convinced he would never return. When Eumaios and Odysseus set out, Odysseus is attacked by Melanthios, a disloyal goatherd who has sided with the suitors – the first of many assaults on Odysseus in his own land. At the entrance to the palace, Odysseus is recognised by his old hunting dog Argos, once a fine animal but now shamefully neglected in Odysseus' absence. The dog dies at the sight of his master, returned after twenty years (Book 17).

In the palace, Odysseus is able to witness for himself the shameless behaviour of the suitors, who inhabit it as if they owned it, ignore the most elementary laws of hospitality to strangers, and pay scant regard to the gods. Odysseus himself is subjected to a number of attacks from them, including the ring-leaders Antinoos and Eurymakhos and even a serving-girl, Melantho, sister of the goatherd Melanthios. Meanwhile, Penelope makes a rare appearance among the suitors to announce that it will soon be time for her to marry again. When Odysseus had left for Troy, she tells them, he gave her instructions that, if he did not return, she should remarry when her son 'was grown up and bearded' – and that time was fast approaching (Book 18).

Penelope now welcomes the beggar to a private night interview to see if he has any news of Odysseus. Odysseus, without giving himself away, tactfully lays before her unambiguous evidence that 'Odysseus' is alive and well, and Penelope rewards him by calling the faithful old family retainer Eurykleia (who had nursed Odysseus as a baby) to bathe his feet. Eurykleia recognises the scar on Odysseus' thigh, the result of being gored in a boar-hunt on Mount Parnassos when he was a young man. Odysseus swears the old woman to silence. Penelope now reveals that she intends to set up a competition to decide whom she will marry. Whoever can string Odysseus' great bow and shoot an arrow through all twelve axes will be her new husband. Odysseus encourages her to do this (Book 19).

In the hall next day, which is a feast-day for Apollo, the assaults and insults on Odysseus continue, but a herdsman Philoitios, bringing in animals for the feast, turns out to be sympathetic to the beggar and expresses a wish that Odysseus would return. Meanwhile various omens and signs indicate that matters are heading towards a climax. The lines that close Book 20, immediately prior to the start of our text, read: 'The suitors laughed as they prepared themselves a good, hearty meal from the large number of beasts they had slaughtered. But no meal could possibly be less delightful than the one that the goddess [Athene] and the mighty man [Odysseus] were preparing to set before them, the men who had been first to do the deeds of shame.'

## The art of Homer

(1) Whether Homer used writing or not, the *Odyssey* bears all the hallmarks of oral poetry, i.e. poetry composed for live, apparently extempore recitation, without a text. The simplest and most common indication of poetry of this type is repetition, at the level of phrase, clause, sentence and scene. Odysseus, for example, is typically πολύμητις, Telemakhos πεπνυμένος, Penelope περίφρων; the *Running Vocabulary* points out repeated whole-line sentences; and at the level of scene, compare the two spear-throwing incidents at 22.255–9 and 22.272–6 and the two recognition scenes at 21.222–5 and 22.498–500. The repetitions are necessary for the oral poet. To put it extremely crudely, he needs 'ready-made' language which can be manipulated to fit the complex metre in which he composes (hexameters). But the repetitions should be enjoyed, not merely as examples of the enormous technical skill with which Homer constructs his story but because they constantly present us with a sense of the unchanging quality and value of the world they describe.

This makes Homer's deviations from expected norms all the more striking.

(2) Poetry which is heard rather than read must be easily assimilable by a listener. Consequently, sentence structure is very rarely complex; and indeed, in most cases meaning is usually graspable in no more than line-length 'bites'. The story-line too is clear and strongly marked, though the modern reader may find Homer's love of expansion unfamiliar. For example, Odysseus' bow is given a long introduction at 21.13–41; Antinoos likens Odysseus' behaviour to that of a drunken centaur at 21.295–303; Odysseus' stringing of the bow is accompanied by his testing it for worms, a simile and a sign from Zeus (21.393–415); and the battle in the hall receives extremely varied treatment through individual deaths, mass attacks, diversions for arming, divine interventions, appeals for mercy, and so on.

These, again, are to be enjoyed. Homer's inventiveness and visual imagination are part of his brilliance as a story-teller, and his expansions are never irrelevant. In particular, they often highlight key objects (e.g. the bow) or important moments in the narrative (e.g. Odysseus' stringing of the bow). The variations in the battle narrative of Book 22 pick up on what has gone before (e.g. Ktesippos' death at 22.285–91), emphasise the hypocrisy of the suitors (e.g. 22.310–29), contrast the mercy shown to the loyal (22.330–80) with the pitiless treatment of the unfaithful (22.465–77) and generally throw light on relationships (e.g. Odysseus and Telemakhos (22.146–59), Odysseus and Athene (22.205–40), etc.).

(3) Homer's handling of the plot sequence too is masterful. Typically, he proceeds by sequences of contrasting viewpoints, which enable us to see the narrative through many different eyes – Penelope's, Eumaios', the suitors', etc. To take the first half of Book 21:

> 1–62: **Penelope** in the **privacy** of the **storeroom**.
> 63–79: **Penelope** announces the contest of the bow in **public**.
> 80–3: **Eumaios** and **Philoitios** react with **tears**.
> 84–95: **Antinoos** reacts with **abuse** and expresses **hopes of stringing the bow**.

96–100: Homer foreshadows Antinoos' **failure** and **death**.

101–35: **Telemakhos happily** sets up the axes and **would have strung** the bow.

136–66: **Leodes** a suitor tries and **fails**.

167–74: **Antinoos** abuses him.

175–87: **Melanthios** is summoned to **soften up the bow**.

188–244: **Odysseus** reveals himself to Eumaios and Philoitios and issues instructions (*a*) to Eumaios to give him the bow and (*b*) to Philoitios to lock the hall.

245–55: **Eurymakhos fails** to string the bow.

256–73: **Antinoos** calls a halt and suggests **waiting** till next day, when they can sacrifice to Apollo for help with the task.

274: **Odysseus** makes his move to get his hands on the bow **now** ...

Observe too how cleverly Homer prepares the logical links that move the narrative smoothly on from one reaction to the next. For example, Penelope *weeps* as she takes up the bow at 21.55–6; the loyal Eumaios and Philoitios *weep* at the sight of it too (80–3); this rouses Antinoos to *abuse* (84–8), and a statement about the *difficulty* the contest poses (89–95), which is immediately followed by Homer's remark that (*a*) Antinoos hoped to *complete the contest himself* (96–7) but (*b*) in fact it would mean his *death*. Telemakhos now intervenes and, instead of weeping, *laughs* at the prospect in front of him (105) – a clear contrast to Eumaios, Philoitios and Penelope; and when he has set up the contest and *nearly strung the bow himself* (125–9, compare Antinoos), he summons the *others to string the bow*.

Note too the silence: the silence of Odysseus, who just observes proceedings, watching his bow move from his storeroom, out of Penelope's hands into Telemakhos' (he shows himself fully capable of stringing it – true son of his father), and out of Telemakhos' into various suitors'. He bides his time and makes his preparations before his decisive intervention, when the bow will finally come to rest in its rightful owner's hands.

(4) One technical device which Homer constantly employs to help him keep a grip on his narrative is known as 'ring-composition'. At its simplest, he uses it, especially after digressions, to bring the narrative

back to the point at which the digression began, often with a quite intricate 'reversed' structure. Thus, for example, at 21.185–90:

(A)  we leave Antinoos and Eurymakhos wrestling with the bow (185–7),
(B)  we move outside the house with Eumaios and Philoitios (188–9),
(C)  Odysseus too moves outside (190) to reveal himself to them.

The recognition-scene takes place and at 21.242–5 we move back into the palace:

(C′)  Odysseus moves back inside the house (242),
(B′)  the two others do (244),
(A′)  Eurymakhos is wrestling with the bow (245).

Observe how the digression begins with elements A B C and ends with the elements repeated in reverse order C′ B′ A′.

Ring-composition also structures and organises the narrative itself. For example, the story of Iphitos' bow at 21.13–41 is a massive example of ring-composition:

(A)  8 Penelope went to her chamber,
(B)  9 where her treasure was stored away.
(C)  13–14 Iphitos gave the bow as a gift.
(D)  15–16 Odysseus and Iphitos met in Messene.
    (a)  16–17 Odysseus was going on an errand;
    (a′)  20 it was on this errand Odysseus was going.
    (b)  22 Iphitos was seeking mares.
    (b′)  31 Seeking these mares, Iphitos . . .
(D′)  31 Iphitos met Odysseus,
(C′)  38 and gave him the bow.
(B′)  41 It was stored up in the palace.
(A′)  42 Penelope went to her chamber.

(5) Also typical of Homer's narrative strategy is his liking for pairs of characters. Thus Eumaios the swineherd is given a partner, the herdsman Philoitios; Antinoos has a counterpart in Eurymakhos; the evil goatherd Melanthios has an equally nasty sister Melantho; the loyal servant Eurykleia is matched by Penelope's handmaiden Eur-

ynome; and so on. The narrative advantage of pairs is that they can be played off against each other, for purposes of comparison and contrast.

(6) One striking feature of the *Odyssey* is the role given to the humble and lowly, like Eumaios, Philoitios and Eurykleia. Beside them the thuggish, aristocratic suitors come out very badly indeed; and the respect and trust which Odysseus and Telemakhos (for example) put in them are amply repaid by their loyalty and (in the case of the males) martial valour. Odysseus is a great hero, but he now moves in a world of palaces and families. It is a mark of Homer's genius that he does not seem out of place, and this is partly due to the warm relationship Homer develops between Odysseus and those who have been faithfully guarding his property while he has been away.

This consideration raises the question of character portrayal in Homer, and how he makes them live so vividly. The art of Homer here is (on the whole) to stand back from them – to interpose no comment of his own, but to let them speak, and act, and react. They are what they *say* and what they *do* (observe how much dialogue there is in Homer), and what we can tell from the way others *react* to them. In other words, we make of them what we can: Homer offers limited comment *himself* (contrast, strongly, Virgil or the novel, where the author's comments on the characters bulk very large). This can present severe problems of interpretation.

(7) Finally, it is worth noting the strong moral message with which the story is imbued: this surfaces especially in the final battle in Book 22. The death of the suitors is seen as the triumph of good over evil (22.374, cf. 35–41, 63–4, 287–9, 317): note especially the mercy shown to Phemios and Medon (22.330–80) and the hideous deaths of the disloyal maidservants (465–72) and Melanthios (473–6). The outcome is firmly ascribed to the gods (413–17). This is a very different world from that of the *Iliad*, where 'good' and 'evil' do not come into play so starkly and the gods seem interested in only limited aspects of human behaviour (e.g. treatment of the dead).

It is also thematically coherent with the rest of the *Odyssey*, especially its grand opening (1.1–43). Here Homer begins the story with special emphasis on people who knew that what they were doing was forbidden and insisted on doing it all the same, e.g. Odysseus' men who ate the cattle of the Sun God (1.7–9, cf. 12.260–446) and Aigisthos, lover of Klytaimestra, who refused to listen to Hermes' warning not to have anything to do with her, on pain of death (1.32–43). Both Odysseus' men and Aigisthos act as the suitors do – bringing divine destruction on themselves.

### Homeric metre

The Homeric hexameter has six feet, and scans in a combination of dactyls ($-\cup\cup$) and spondees ($--$) as follows:

| *First foot* | *second foot* | *third foot* | *fourth foot* | *fifth foot* | *sixth foot* |
|---|---|---|---|---|---|
| $-\cup\cup$ | $-\cup\cup$ | $-\cup\cup$ | $-\cup\cup$ | $-\cup\cup$ | $--$ |
| or | or | or | or | | or |
| $--$ | $--$ | $--$ | $--$ | | $-\cup$ |

e.g.:

$$\bar{T}\bar{\eta}\ \delta'\ \mathring{\alpha}\rho'\ \mathring{\epsilon}\pi\mathring{\iota}\ \phi\rho\epsilon\sigma\mathring{\iota}\ \theta\mathring{\eta}\kappa\epsilon\ \theta\epsilon\mathring{\alpha}\ \gamma\lambda\alpha\upsilon\kappa\mathring{\omega}\pi\iota\varsigma\ '\mathcal{A}\theta\mathring{\eta}\nu\eta$$

$$\kappa\omicron\mathring{\upsilon}\rho\eta\ '\mathit{I}\kappa\alpha\rho\mathring{\iota}\omicron\iota\omicron,\ \pi\epsilon\rho\mathring{\iota}\phi\rho\omicron\nu\iota\ \Pi\eta\nu\epsilon\lambda\omicron\pi\epsilon\mathring{\iota}\eta,$$

$$\tau\mathring{\omicron}\xi\omicron\nu\ \mu\nu\eta\sigma\tau\mathring{\eta}\rho\epsilon\sigma\sigma\iota\ \theta\mathring{\epsilon}\mu\epsilon\nu\ \pi\omicron\lambda\iota\mathring{\omicron}\nu\ \tau\epsilon\ \sigma\mathring{\iota}\delta\eta\rho\omicron\nu$$

$$\mathring{\epsilon}\nu\ \mu\epsilon\gamma\mathring{\alpha}\rho\omicron\iota\varsigma\ '\mathit{O}\delta\upsilon\sigma\mathring{\eta}\omicron\varsigma,\ \mathring{\alpha}\mathring{\epsilon}\theta\lambda\iota\alpha\ \kappa\alpha\mathring{\iota}\ \phi\mathring{\omicron}\nu\omicron\upsilon\ \mathring{\alpha}\rho\chi\mathring{\eta}\nu.$$

21.1–4

Rules for determining whether a syllable is long ($-$) or short ($\cup$) can be briefly summarised as follows.

(1) A long vowel, i.e. $\eta$, $\omega$, $\bar{\alpha}$, $\bar{\iota}$, $\bar{\upsilon}$, diphthong ($\alpha\iota$, $\epsilon\iota$, etc.) = a long syllable.

(2) A short vowel, i.e. $\omicron$, $\epsilon$, $\breve{\alpha}$, $\breve{\iota}$, $\breve{\upsilon}$ = a short syllable.

(3) A short syllable followed by two consonants becomes long for scansion purposes, e.g. $\mu\nu\eta\sigma\tau\mathring{\eta}\rho\bar{\epsilon}\sigma\sigma\iota$, $\theta\mathring{\epsilon}\mu\bar{\epsilon}\nu\ \pi\omicron\lambda\iota\mathring{\omicron}\nu$. Note that $\zeta$, $\xi$, $\psi$ count as two consonants (sd, ks, ps). This rule applies in Homer even where a 'mute' ($\pi\ \tau\ \kappa\ \phi\ \theta\ \chi\ \beta\ \delta\ \gamma$) is followed by a 'liquid' ($\lambda\ \mu\ \nu\ \rho$). In Greek tragedy, for example, $\pi\alpha\tau\rho\mathring{\omicron}\varsigma$ could scan $\pi\bar{\alpha}\tau\rho\mathring{\omicron}\varsigma$ or $\pi\breve{\alpha}\tau\rho\mathring{\omicron}\varsigma$. In Homer, it always scans $\pi\bar{\alpha}\tau\rho\breve{\omicron}\varsigma$.

(4) 'Correption' occurs when a long vowel or a diphthong at the *end* of a word becomes *short* because the next word begins with a vowel, e.g. φόνου ἀρχήν.

(5) 'Synizesis' occurs when two vowels which do not normally count as a diphthong, or a vowel and a diphthong, are run together to make one, e.g. θεοί, usually scanning ˘ ˉ, scans ˉ.

(6) Finally, note that some Homeric words which start with a vowel act as if they started with a consonant. This is because the Greek letter Ϝ (digamma, 'w'), which has dropped out of our Greek alphabet, was still felt in Homeric times. Thus, for example, οἶνος was originally Ϝοῖνος (cf. English wine), οἱ ('to him', 'to her') was Ϝοι, οἶκος ('household') was Ϝοῖκος. Thus: ἔνθα δέ οἱ, not ἔνθα δ' οἱ, because οἱ is really Ϝοι. In ὅς οἱ the first word scans ō̄s, because it is really ὅς Ϝοι (two consonants).

## Further reading

### (1) *Commentaries*

D. B. Monro, *Homer's Odyssey: Books xiii–xxiv*, Oxford 1901.

J. Russo, M. Fernández-Galiano and A. Heubeck, *A Commentary on Homer's Odyssey*, Volume III: *Books xvii–xxiv*, Oxford, 1992. [Unfortunately, the commentary on Books 21 and 22 in this otherwise superb new series is to be used with caution. Fernández-Galiano's views about an A and B poet are controversial, and his discussion of the problem of the bow and the axes and of the layout of Odysseus' palace, while extremely detailed, assumes that Homer himself had a clear, consistent and historically accurate picture of Mycenaean bows, axes and palaces.]

W. B. Stanford, *The Odyssey of Homer²*, Macmillan, London, 1959.

Peter Jones, *Homer's Odyssey*, Bristol Classical Press/Duckworth, Bristol, 1988 (a commentary not on the Greek but on Richmond Lattimore's translation).

### (2) *General books about the* Odyssey

N. Austin, *Archery at the Dark of the Moon*, California, 1975.

W. A. Camps, *An Introduction to Homer*, Oxford, 1980.

H. W. Clarke, *The Art of the Odyssey*, Prentice-Hall 1967, reprinted by Bristol Classical Press/Duckworth, Bristol, 1989.

M. I. Finley, *The World of Odysseus*[2], Pelican, Harmondsworth, 1979.

J. Griffin, *Homer: The Odyssey*, Cambridge, 1987.

B. Rubens and O. Taplin, *An Odyssey round Odysseus*, BBC Books, London, 1989.

W. B. Stanford, *The Ulysses Theme*[2], Oxford, 1968.

W. B. Stanford and J. V. Luce, *The Quest for Ulysses*, London, 1974.

A. Thornton, *People and Themes in Homer's Odyssey*, London, 1970.

S. V. Tracy, *The Story of the Odyssey*, Princeton, 1990.

### (3) *Translations*

R. Lattimore, *The Odyssey of Homer*, Harper and Row, New York, 1965.

A. Mandelbaum, *The Odyssey of Homer*, California, 1990.

E. V. Rieu, revised by D. C. H. Rieu with a new introduction by Peter Jones, *Homer: The Odyssey*, Penguin, Harmondsworth, 1991.

W. Shewring, *Homer: The Odyssey*, Oxford, 1980.

### (4) *Audiobook*

*The Odyssey* (Penguin Audiobooks, 1995), read by Alex Jennings and Barbara Jefford, from the translation by E. V. Rieu, revised by D. C. H. Rieu. Accompanying handbook by P. V. Jones.

## Dramatis personae

NB: -ίδης indicates 'son of'.

Agela(e)os: a suitor
Akhaioi: Achaeans, Greeks
Alkimos: father of Mentor
Amphimedon: a suitor
Amphinomos: a suitor
Antinoos: ringleader of the suitors
Apollo: god of feasting, the lyre and the bow
Athene: goddess of intelligence and martial arts; patron of Odysseus
Damastor: father of Agelaos
Demoptolemos: a suitor
Dolios: father of Melanthios
Elatos: a suitor
Euenor: father of Leokritos
Eumaios: faithful swineherd
Eupeithes: father of Antinoos
Euryades: a suitor
Eurydamas: a suitor
Eurykleia: faithful maidservant
Eurymakhos: ringleader of the suitors
Eurynomos: a suitor
Eurytos: original owner of Odysseus' bow
Helen: wife of Menelaos
Helios: god of the sun
Herakles: hero of the twelve labours

Ikarios: father of Penelope
Iphitos: son of Eurytos
Kronion: son of Kronos, i.e. Zeus
Kronos: father of Zeus
Ktesippos: a suitor
Laertes: father of Odysseus
Leodes: a suitor
Leokritos: a suitor
Medon: faithful servant
Melanthios: faithless goatherd
Mentor: old friend of the household
Odysseus: lord of Ithaka
Okeanos: Ocean, god of the sea
Ortilokhos: lord of Messene
Peisandros: a suitor
Penelope: wife of Odysseus
Phemios: faithful bard in the palace
Philoitios: faithful cowherd
Polybos: (i) father of Eurymakhos; (ii) son of Polyktor, a suitor
Priamos: Priam, king of Troy
Telemakhos: son of Odysseus
Terpis: father of Phemios
Zeus: king of the gods

θεὰ γλαυκῶπις Ἀθήνη

**1–14** *Penelope goes to the storeroom with her attendants to fetch the bow and the axes.*

Τῇ δ' ἄρ' ἐπὶ φρεσὶ θῆκε θεὰ γλαυκῶπις Ἀθήνη,
κούρῃ Ἰκαρίοιο, περίφρονι Πηνελοπείῃ,
τόξον μνηστήρεσσι θέμεν πολιόν τε σίδηρον
ἐν μεγάροις Ὀδυσῆος, ἀέθλια καὶ φόνου ἀρχήν.
κλίμακα δ' ὑψηλὴν προσεβήσετο οἷο δόμοιο,                5
εἵλετο δὲ κληῖδ' εὐκαμπέα χειρὶ παχείῃ
καλὴν χαλκείην· κώπη δ' ἐλέφαντος ἐπῆεν.
βῆ δ' ἴμεναι θάλαμόνδε σὺν ἀμφιπόλοισι γυναιξὶν
ἔσχατον· ἔνθα δέ οἱ κειμήλια κεῖτο ἄνακτος,
χαλκός τε χρυσός τε πολύκμητός τε σίδηρος.                10
ἔνθα δὲ τόξον κεῖτο παλίντονον ἠδὲ φαρέτρη
ἰοδόκος, πολλοὶ δ' ἔνεσαν στονόεντες ὀϊστοί,

δῶρα τά οἱ ξεῖνος Λακεδαίμονι δῶκε τυχήσας
Ἴφιτος Εὐρυτίδης, ἐπιείκελος ἀθανάτοισι.

1  τῇ  *i.e.* Penelope
(*line 2*)
Ἰκάριος, ὁ  Ikarios, the
father of Penelope
(*2a*)
περίφρων (περιφρον-)
very wise, intelligent
Πηνελοπείη, ἡ
Penelope, wife
of Odysseus (*1a*)
* τόξον, τό  bow (*2b*)
* μνηστήρ (μνηστηρ-),
ὁ  suitor (*3a*)
θέμεν  *aor. inf. of*
τίθημι (*obj. of* θῆκε
(*line 1*) – 'put [it] in
her mind *to*')
πολιός (ά) όν  grey
* σίδηρος, ὁ  iron (*i.e.*
the axes) (*2a*)
* μέγαρον, τό (*also* μέ-
γαρα, τά) hall(s),
room(s) (*2b*)
* ἀέθλιον, τό  contest,
prize; equipment for
contest (*2b*)
5  κλίμαξ (κλιμακ-) ἡ
ladder (*3a*)

* ὑψηλός ή όν  high
* προσβαίνω  climb;
(*here*) reach
οἷο  *gen. s. of* ἑός 'one's
own'
* δόμος, ὁ  house,
home; room (*2a*)
* κληῒς (κληιδ-), ἡ
key, bolt (*3a*)
εὐκαμπής ές
curved, bent
παχύς εῖα ύ  thick,
stout
χάλκειος η ον  of
bronze
κώπη, ἡ  handle (*1a*)
ἐλέφας (ἐλεφαντ-), ὁ
ivory (*3a*)
ἐπῆεν  *impf. of* ἔπειμι
be on
* ἴμεναι = ἰέναι
* -δε  towards
* θάλαμος, ὁ  storeroom
(*2a*)
κείμηλιον, τό  (stored)
treasure (*2b*)
10 * χαλκός, ὁ  bronze,
copper (*2a*)

* χρυσός, ὁ  gold (*2a*)
πολύκμητος ον  beaten
παλίντονος ον  back-
strung, springing
back, bent back
* ἠδέ  and
* φαρέτρη, ἡ  quiver
(*1b*)
ἰοδόκος ον  arrow-
holding
στονόεις εσσα εν
causing cries of
agony, painful
* οἰστός, ὁ  arrow (*2a*)
(*cf. 59–60*)
* τά  *article* (ὁ ἡ τό) *used
as a relative pronoun:*
who, which
Λακεδαίμων (Λακε-
δαιμον-), ἡ  Lake-
daimon, Sparta (*3a*)
τυχήσας = τυχών
Ἴφιτος, ὁ  Iphitos (*2a*)
Εὐρυτίδης  son of
Eurytos (*1d*)
ἐπιείκελος (+ *dat.*)
resembling, like
(*cf. 37*)

**15–41** *The story of how Odysseus met Iphitos and received the bow
from him. The bow, a reminder of his friend, was not taken
to Troy by Odysseus.*

τὼ δ' ἐν Μεσσήνῃ ξυμβλήτην ἀλλήλοιϊν     15
οἴκῳ ἐν Ὀρτιλόχοιο δαΐφρονος. ἦ τοι Ὀδυσσεὺς
ἦλθε μετὰ χρεῖος, τό ῥά οἱ πᾶς δῆμος ὄφελλε·
μῆλα γὰρ ἐξ Ἰθάκης Μεσσήνιοι ἄνδρες ἄειραν
νηυσὶ πολυκλήϊσι τριηκόσι' ἠδὲ νομῆας.
τῶν ἕνεκ' ἐξεσίην πολλὴν ὁδὸν ἦλθεν Ὀδυσσεὺς     20
παιδνὸς ἐών· πρὸ γὰρ ἧκε πατὴρ ἄλλοι τε γέροντες.

Ἴφιτος αὖθ' ἵππους διζήμενος, αἵ οἱ ὄλοντο
δώδεκα θήλειαι, ὑπὸ δ' ἡμίονοι ταλαεργοί·
αἳ δή οἱ καὶ ἔπειτα φόνος καὶ μοῖρα γένοντο,
ἐπεὶ δὴ Διὸς υἱὸν ἀφίκετο καρτερόθυμον,                    25
φῶθ' Ἡρακλῆα, μεγάλων ἐπιίστορα ἔργων,
ὅς μιν ξεῖνον ἐόντα κατέκτανεν ᾧ ἐνὶ οἴκῳ
σχέτλιος, οὐδὲ θεῶν ὄπιν αἰδέσατ' οὐδὲ τράπεζαν,
τὴν ἥν οἱ παρέθηκεν· ἔπειτα δὲ πέφνε καὶ αὐτόν,
ἵππους δ' αὐτὸς ἔχε κρατερώνυχας ἐν μεγάροισι.             30
τὰς ἐρέων Ὀδυσῆϊ συνήντετο, δῶκε δὲ τόξον,
τὸ πρὶν μέν ῥ' ἐφόρει μέγας Εὔρυτος, αὐτὰρ ὁ παιδὶ
κάλλιπ' ἀποθνήσκων ἐν δώμασιν ὑψηλοῖσι.
τῷ δ' Ὀδυσεὺς ξίφος ὀξὺ καὶ ἄλκιμον ἔγχος ἔδωκεν,
ἀρχὴν ξεινοσύνης προσκηδέος· οὐδὲ τραπέζῃ                   35

Διὸς υἱὸς ἔπεφνεν
Ἴφιτον Εὐρυτίδην, ἐπιείκελον ἀθανάτοισιν

γνώτην ἀλλήλων· πρὶν γὰρ Διὸς υἱὸς ἔπεφνεν
Ἴφιτον Εὐρυτίδην, ἐπιείκελον ἀθανάτοισιν,
ὅς οἱ τόξον ἔδωκε. τὸ δ' οὔ ποτε δῖος Ὀδυσσεὺς
ἐρχόμενος πόλεμόνδε μελαινάων ἐπὶ νηῶν
ᾑρεῖτ', ἀλλ' αὐτοῦ μνῆμα ξείνοιο φίλοιο                      40
κέσκετ' ἐνὶ μεγάροισι, φόρει δέ μιν ἧς ἐπὶ γαίης.

15 *τώ  the two of them
     (*dual nom. of* ὁ ἡ τό)
     Μεσσήνη, ἡ  Messene
     (*probably = Messenia, in
     the southern Pelo-
     ponnese*) (1a)
     ξυμβλήτην  *aor.* dual of
     συμβάλλω, meet
     'Ορτίλοχος, ὁ  Ortilok-
     hos, lord of Pherai in
     Messenia (2a)
   * δαΐφρων (δαιφρον-)
     wise, shrewd
     μετά (+*acc.*)  after, *i.e.*
     to recover
     χρεῖος, τό  debt (3c)
     ὄφελλε  *impf. of* ὀφείλω
     μῆλον, τό  sheep (2b)
     'Ιθάκη, ἡ  Ithaka,
     Odysseus' home
     island (1a)
     Μεσσήνιος a ον
     from Messenia
     ἄειραν  *aor. of* ἀείρω
     = αἴρω lift, steal
     νηυσί = ναῦσι
     πολυκλήϊς  with many
     rowlocks
     τριηκόσιος a ον  three
     hundred
     νομεύς, ὁ  herdsman
     (3g)
20 ἐξεσίη, ἡ  mission,
     embassy (*in apposition
     to* ὁδόν) (1b)
     παιδνός, ὁ  youth (2a)

   * αὖθ' = αὖτε  again,
     furthermore; on the
     other hand
     δίζημαι  seek, look for
   * ὄλλυμαι (*aor.* ὀλόμην)
     die, perish, be lost
   * δώδεκα  twelve
     θῆλυς εια υ  female
     ὑπό *adv.*  under (the
     teat), still suckling
     ταλαεργός όν  hardy,
     strong
   * μοῖρα, ἡ  fate, lot,
     portion (1b)
25 καρτερόθυμος ον
     strong-hearted,
     mighty
     φώθ' = φῶτα, *from* φώς
     (φωτ-), ὁ  mortal,
     man (3a)
     'Ηρακλῆς, ὁ  Herakles
     (3d)
     ἐπίστωρ (ἐπιστορ-)
     acquainted with
   * κατακτείνω (κατακ-
     ταν-)  kill
     σχέτλιος a ον  auda-
     cious, reckless
     ὄπις (ὀπιδ-), ἡ  ven-
     geance (3a)
   * αἰδέομαι (αἰδεσ-)
     respect, feel awe
     in front of
   * τράπεζα, ἡ  hospitality
     (*lit.* table) (1c)
   * παρατίθημι (παραθε-)

     place alongside,
     offer
     ἔπεφνον  killed, slew
30 κρατερῶνυξ (κρατερ-
     ωνυχ-)  strong-
     hoofed
     ἐρέω = ἐράω  desire,
     want
     συνάντομαι  meet
     (+*dat.*)
   * φορέω  carry
     Εὔρυτος, ὁ  Eurytos,
     father of Iphitos
     (2a)
     κάλλιπ' = κατέλιπε
     (καταλείπω)
   * δῶμα (δωματ-), τό
     house, home (3b)
   * ξίφος, τό  sword (3c)
   * ἄλκιμος ον  strong
   * ἔγχος, τό  spear (3c)
35 ξεινοσύνη, ἡ  friend-
     ship, relationship
     (1a)
     προσκηδής ἐς  bring-
     ing into alliance,
     mutual
     γνώτην  *aor.* dual of
     γιγνώσκω (here,
     +*gen.*)
     ἐπιείκελος ον  like
40 * αὐτοῦ  here, there
     μνῆμα, τό  reminder,
     memory (3b)
     κέσκετο = ἔκειτο

**42–56** *Penelope opens the door, enters the storeroom and takes
down the bow. She sheds tears over the bow.*

     Ἡ δ' ὅτε δὴ θάλαμον τὸν ἀφίκετο δῖα γυναικῶν,
     οὐδόν τε δρύϊνον προσεβήσετο, τόν ποτε τέκτων
     ξέσσεν ἐπισταμένως καὶ ἐπὶ στάθμην ἴθυνεν,
     ἐν δὲ σταθμοὺς ἄρσε, θύρας δ' ἐπέθηκε φαεινάς·       45
     αὐτίκ' ἄρ' ἥ γ' ἱμάντα θοῶς ἀπέλυσε κορώνης,

ἐν δὲ κληῖδ' ἧκε, θυρέων δ' ἀνέκοπτεν ὀχῆας
ἄντα τιτυσκομένη· τὰ δ' ἀνέβραχεν ἠύτε ταῦρος
βοσκόμενος λειμῶνι· τόσ' ἔβραχε καλὰ θύρετρα
πληγέντα κληῖδι, πετάσθησαν δέ οἱ ὦκα.                    50
ἡ δ' ἄρ' ἐφ' ὑψηλῆς σανίδος βῆ· ἔνθα δὲ χηλοὶ
ἕστασαν, ἐν δ' ἄρα τῆσι θυώδεα εἵματ' ἔκειτο.
ἔνθεν ὀρεξαμένη ἀπὸ πασσάλου αἴνυτο τόξον
αὐτῷ γωρυτῷ, ὅς οἱ περίκειτο φαεινός.
ἑζομένη δὲ κατ' αὖθι, φίλοις ἐπὶ γούνασι θεῖσα,       55
κλαῖε μάλα λιγέως, ἐκ δ' ἧρεε τόξον ἄνακτος.

ἑζομένη δὲ κατ' αὖθι, φίλοις ἐπὶ γούνασι θεῖσα,
κλαῖε μάλα λιγέως, ἐκ δ' ἧρεε τόξον ἄνακτος

| | | |
|---|---|---|
| *οὐδός, ὁ   threshold (2a) | ξέω (ξεσ-)   plane, shave | 45  σταθμός, ὁ   doorpost (2a) |
| δρύϊνος η ον   made of oak, oak | ἐπισταμένως   skilfully | ἀραρίσκω (ἀρσ-)   fit |
| τέκτων (τεκτον-), ὁ carpenter (3a) | στάθμη, ἡ   (carpenter's) line, ruler (1a) | *ἐπιτίθημι (ἐπιθε-)   put on, place on; put to, shut |
| | ἰθύνω   make straight | |

φαεινός ή όν shining
ἱμάς (ἱμαντ-), ὁ
   (leather) strap (3a)
* θοῶς immediately,
   quickly
ἀπολύω release,
   untie X (acc.) from Y
   (gen.)
κορώνη, ἡ door-
   handle (1a)
ἀνακόπτω push back
ὀχεύς, ὁ bolt, bar (3g)
ἄντα straight (i.e. at
   the bolt)
τιτύσκομαι aim
ἀναβράχω (ἀνα-βράχω)
   roar

ἠΰτε like
ταῦρος, ὁ bull (2a)
βόσκομαι feed
λειμών (λειμων-), ὁ
   meadow (3a)
τόσ(α) so much, so
   great(ly)
θύρετρον, τό door (2b)
50 πλήσσω (aor. pass.
   ἐπλήγην) strike
πετάννυμι open,
   unfold
* ὦκα at once, imme-
   diately
σανίς (σανιδ-), ἡ
   floor, shelf or plat-
   form (meaning un-
   certain) (3a)

χηλός, ὁ chest, coffer
   (2a)
θυώδης ες smelling of
   incense
* ἔνθεν from there,
   from where
ὀρέγομαι stretch,
   reach out
πάσσαλος, ὁ peg (2a)
αἴνυμαι take
γωρυτός, ὁ quiver,
   bow-case (2a)
φαεινός ή όν shining
55 * ἕζομαι sit
* αὖθι there; at once
λιγέως shrilly, loudly

## 57–79 Penelope takes the bow to the suitors in the hall and, holding her veil over her cheeks, announces the contest.

ἡ δ' ἐπεὶ οὖν τάρφθη πολυδακρύτοιο γόοιο,
βῆ ῥ' ἴμεναι μέγαρόνδε μετὰ μνηστῆρας ἀγαυοὺς
τόξον ἔχουσ' ἐν χειρὶ παλίντονον ἠδὲ φαρέτρην
ἰοδόκον· πολλοὶ δ' ἔνεσαν στονόεντες ὀϊστοί.    60
τῇ δ' ἄρ' ἅμ' ἀμφίπολοι φέρον ὄγκιον, ἔνθα σίδηρος
κεῖτο πολὺς καὶ χαλκός, ἀέθλια τοῖο ἄνακτος.
ἡ δ' ὅτε δὴ μνηστῆρας ἀφίκετο δῖα γυναικῶν,
στῆ ῥα παρὰ σταθμὸν τέγεος πύκα ποιητοῖο,
ἄντα παρειάων σχομένη λιπαρὰ κρήδεμνα.    65
ἀμφίπολος δ' ἄρα οἱ κεδνὴ ἑκάτερθε παρέστη.
αὐτίκα δὲ μνηστῆρσι μετηύδα καὶ φάτο μῦθον·
"κέκλυτέ μευ, μνηστῆρες ἀγήνορες, οἳ τόδε δῶμα
ἐχράετ' ἐσθιέμεν καὶ πινέμεν ἐμμενὲς αἰεὶ
ἀνδρὸς ἀποιχομένοιο πολὺν χρόνον· οὐδέ τιν' ἄλλην    70
μύθου ποιήσασθαι ἐπισχεσίην ἐδύνασθε,
ἀλλ' ἐμὲ ἱέμενοι γῆμαι θέσθαι τε γυναῖκα.
ἀλλ' ἄγετε, μνηστῆρες, ἐπεὶ τόδε φαίνετ' ἄεθλον·
θήσω γὰρ μέγα τόξον Ὀδυσσῆος θείοιο·
ὃς δέ κε ῥηῖτατ' ἐντανύσῃ βιὸν ἐν παλάμῃσι    75
καὶ διοϊστεύσῃ πελέκεων δυοκαίδεκα πάντων,

τῷ κεν ἅμ᾽ ἑσποίμην νοσφισσαμένη τόδε δῶμα
κουρίδιον, μάλα καλόν, ἐνίπλειον βιότοιο,
τοῦ ποτε μεμνήσεσθαι ὀΐομαι ἕν περ ὀνείρῳ."

τέρπομαι (*aor.* ἐτάρ-
φθην) find plea-
sure, satisfaction in
(+*gen.*)
πολυδάκρυτος ον
tearful
γόος, ὁ lamentation
(2a)
μετά (+*acc.*) after (*i.e.*
to be with)
* ἀγανός ἡ όν noble,
illustrious
59–    τόξον ... ὀϊστοί
60     see 11–12
ὄγκιον, τό box, con-
tainer (2b)
χαλκός, ὁ (*here*)
bronze-headed
arrows (2a)
σταθμός, ὁ doorpost
(2a)
τέγος, τό roof, room
(3c)
πύκα strongly, well

ποιητός ἡ όν built,
constructed
65    ἄντα in front of
(+*gen.*)
παρειαί, αἱ cheeks
(1b)
λιπαρός ά όν shining,
smooth
κρήδεμνα, τά veil,
covering (2b)
κεδνός ἡ όν trusty,
valued
ἑκάτερθε on either
side
ἀγήνωρ (ἀγηνορ-)
proud, haughty,
brave
χράω assail, attack
ἐμμενές continually
70    ἀποίχομαι depart,
leave
μύθου ... ἐπισχεσία,
ἡ the putting
forward of a story,
pretext, excuse (1b)

* ἵημι (ἱε-, ἡκ-) aim at,
desire
* ἄεθλον, τό contest,
prize (2b)
* θεῖος α ον godlike,
divine
75    ῥηΐτατ(α) most easily
* ἐντανύω bend, string
* βιός, ὁ bow (2a)
παλάμη, ἡ hand (1a)
* διοϊστεύω shoot
through (+*gen.*)
* πέλεκυς, ὁ axe (3e)
δυοκαίδεκα twelve
νοσφίζομαι leave,
withdraw from
κουρίδιος α ον nuptial
ἐνίπλειος ον filled
with (+*gen.*)
βίοτος, ὁ life, live-
lihood (2a)
μιμνήσκομαι (μεμνη-)
remember (+*gen.*)
* ὀΐομαι = οἶμαι
ὄνειρος, ὁ dream (2a)

**80–100** *Eumaios and Philoitios also weep as they set the bow before
the suitors. They are rebuked by Antinoos who, despite his
praise of Odysseus' strength, hopes he will be able to match
him and string the bow.*

Ὣς φάτο, καί ῥ᾽ Εὔμαιον ἀνώγει, δῖον ὑφορβόν,    80
τόξον μνηστήρεσσι θέμεν πολιόν τε σίδηρον.
δακρύσας δ᾽ Εὔμαιος ἐδέξατο καὶ κατέθηκε·
κλαῖε δὲ βουκόλος ἄλλοθ᾽, ἐπεὶ ἴδε τόξον ἄνακτος.
Ἀντίνοος δ᾽ ἐνένιπεν ἔπος τ᾽ ἔφατ᾽ ἔκ τ᾽ ὀνόμαζε·
"νήπιοι ἀγροιῶται, ἐφημέρια φρονέοντες,    85
ἆ δειλώ, τί νυ δάκρυ κατείβετον ἠδὲ γυναικὶ

ῥηϊδίως τόδε τόξον ἐΰξοον ἐντανύεσθαι

θυμὸν ἐνὶ στήθεσσιν ὀρίνετον; ἦ τε καὶ ἄλλως
κεῖται ἐν ἄλγεσι θυμός, ἐπεὶ φίλον ὤλεσ' ἀκοίτην.
ἀλλ' ἀκέων δαίνυσθε καθήμενοι, ἠὲ θύραζε
κλαίετον ἐξελθόντε, κατ' αὐτόθι τόξα λιπόντε,                    90
μνηστήρεσσιν ἄεθλον ἀάατον· οὐ γὰρ ὀΐω
ῥηϊδίως τόδε τόξον ἐΰξοον ἐντανύεσθαι.
οὐ γάρ τις μέτα τοῖος ἀνὴρ ἐν τοῖσδεσι πᾶσιν
οἷος Ὀδυσσεὺς ἔσκεν· ἐγὼ δέ μιν αὐτὸς ὄπωπα,
καὶ γὰρ μνήμων εἰμί, πάϊς δ' ἔτι νήπιος ἦα."                    95
    Ὣς φάτο, τῷ δ' ἄρα θυμὸς ἐνὶ στήθεσσιν ἐώλπει
νευρὴν ἐντανύειν διοϊστεύσειν τε σιδήρου.
ἦ τοι ὀϊστοῦ γε πρῶτος γεύσεσθαι ἔμελλεν
ἐκ χειρῶν Ὀδυσῆος ἀμύμονος, ὃν τότ' ἀτίμα
ἥμενος ἐν μεγάροις, ἐπὶ δ' ὄρνυε πάντας ἑταίρους.             100

80 *φάτο = ἔφατο (φημί)
ῥ(ά) = ἄρα
Εὔμαιος, ὁ  Eumaios,
    Odysseus' faithful
    swineherd (2a)
*ἄνωγα  order
*δῖος a ον  noble, god-
    like
*ὑφορβός, ὁ = *συφορ-
    βός, ὁ  swineherd
    (2a)
81: cf. 3
*βουκόλος, ὁ  herdsman
    (2a)

ἄλλοθι  in another
    place, also, for his
    part too
ἴδε = εἶδε (ὁράω)
Ἀντίνοος, ὁ  Antinoos
    (2a)
ἐνένιπεν  aor. of ἐνίπτω
    rebuke
*ἐξονομάζω  utter aloud,
    address by name
85 *νήπιος a ον  child,
    childish, foolish
ἀγροιώτης, ὁ  rustic,
    countryman (1d)

ἐφημέριος a ον  for
    a day, short-
    lived
*ἆ  exclamation ex-
    pressing pity,
    contempt etc.
*δειλός ή όν  worthless,
    wretched (δειλώ dual
    form)
δάκρυ (δακρυ-), τό
    tear (3b)
κατείβετον  2nd pl.
    dual of κατείβω shed
*στῆθος, τό  chest (3c)

ὀρίνετον   2nd pl. dual of
  ὀρίνω stir up
ἦ   for her
\*ἄλλως   otherwise, for
  another reason
\*ἄλγος, τό   sorrow
  (3c)
\*ὄλλυμι (ὀλεσ-) de-
  stroy, lose
ἀκοίτης, ὁ   husband
  (1d)
ἀκέων   in silence
\*δαίνυμαι   feast
\*ἦε = ἤ   or
\*θύραζε   out of doors,
  outside, out
90 κλαίετον   dual imper.
  ἐξελθόντε   dual aor.
  part.

\*αὐτόθι   here, there
κατ' ... λιπόντε   dual
  aor. part. (κατα-
  λείπω)
ἀάατος ον   terrible/
  harmful *or* easy (*both
  meanings possible*)
\*ὀΐω   think
\*ῥηϊδίως = ῥᾳδίως
\*εὔξοος ον   well-
  polished
μέτα = μέτεστι:
  μέτειμι   be present
τοῖος α ον   such
τοίσδεσι = τοῖσδε dat.
  pl. of ὅδε
\*ἔσκεν = ἦν impf. of
  εἰμί
\*ὄπωπα   perf. of ὁράω
95 μνήμων (μνημον-)

mindful: μνήμων
εἰμί I remember
ἦα = ἦ impf. of εἰμί
τῷ   to him, his
ἄρα   as was to be ex-
  pected
ἐώλπα   hoped, ex-
  pected (*plup. of
  ἔλπομαι, perf. ἔολπα
  hope*)
\*νευρή, ἡ   bow-string
  (1b)
ἦ τοι   and yet
ἀμύμων (ἀμυμον-)
  blameless, noble
\*ἀτιμάω   dishonour
100 \*ἧμαι   sit
ἐπόρνυμι   urge on, in-
  cite

## 101–17 Telemakhos addresses the suitors. He sees the contest as an opportunity to prove himself worthy of his father.

τοῖσι δὲ καὶ μετέειφ' ἱερὴ ἲς Τηλεμάχοιο·
"ὦ πόποι, ἦ μάλα με Ζεὺς ἄφρονα θῆκε Κρονίων·
μήτηρ μέν μοί φησι φίλη, πινυτή περ ἐοῦσα,
ἄλλῳ ἅμ' ἕψεσθαι, νοσφισσαμένη τόδε δῶμα·
αὐτὰρ ἐγὼ γελόω καὶ τέρπομαι ἄφρονι θυμῷ.          105
ἀλλ' ἄγετε, μνηστῆρες, ἐπεὶ τόδε φαίνετ' ἄεθλον,
οἵη νῦν οὐκ ἔστι γυνὴ κατ' Ἀχαιΐδα γαῖαν,
οὔτε Πύλου ἱερῆς οὔτ' Ἄργεος οὔτε Μυκήνης·
οὔτ' αὐτῆς Ἰθάκης οὔτ' ἠπείροιο μελαίνης·
καὶ δ' αὐτοὶ τόδε ἴστε· τί με χρὴ μητέρος αἴνου;          110
ἀλλ' ἄγε μὴ μύνῃσι παρέλκετε μηδ' ἔτι τόξου
δηρὸν ἀποτρωπᾶσθε τανυστύος, ὄφρα ἴδωμεν.
καὶ δέ κεν αὐτὸς ἐγὼ τοῦ τόξου πειρησαίμην·
εἰ δέ κεν ἐντανύσω διοϊστεύσω τε σιδήρου,
οὔ κέ μοι ἀχνυμένῳ τάδε δώματα πότνια μήτηρ          115
λείποι ἅμ' ἄλλῳ ἰοῦσ', ὅτ' ἐγὼ κατόπισθε λιποίμην
οἷός τ' ἤδη πατρὸς ἀέθλια κάλ' ἀνελέσθαι."

Πύλος

* μετεῖπον  *aor. of*
μεταφωνέω address
* ἱερός ά όν   filled with
(*or* displaying) *divine
power; supernatural,
holy*
* ἴς (ἰν-), ἡ  strength (3a)
Τηλέμαχος, ὁ  Tele-
makhos (2a)
* ὦ πόποι  *exclamation of
surprise, anger or pain*
ἦ μάλα  *in truth, in-
deed*
* ἄφρων (ἀφρον-)  *with-
out sense, foolish*
Κρονίων (Κρονιων-), ὁ
son of Kronos (3a)
πινυτός ή όν  wise
* περ  *although (with
part.)*

νοσφίζομαι  *leave,
withdraw from*
105  γελόω = γελάω
τέρπομαι  *be glad*
Ἀχαιΐς (Ἀχαιϊδ-)
Akhaian, *i.e.* Greek
Πύλος, ἡ  Pylos (2a)
Ἄργος, τό  Argos
(3c)
Μυκήνη, ἡ  Mykene
(1a)
Ἰθάκη, ἡ  Ithaka (1a)
ἤπειρος, ἡ  mainland
(2a)
110  χρή  *one (acc.) has
need of (gen.)*
αἶνος, ὁ  praise (2a)
μύνη, ἡ  excuse (1a)
παρέλκω  *put off,
divert*

δηρόν  *too long*
ἀποτρωπάομαι
*turn away from,
refrain from*
ταννυστύς (ταννυστυ-),
ἡ  stringing
(3h)
115 * ἄχνυμαι  grieve (*lit.*
not to me grieving
would ... , *i.e.* either
I would not grieve
if ... *or* my mother
would not, to my
grief, ...)
* πότνια, ἡ  lady (1b)
* ὅτε  *when, since*
κατόπισθε  *behind*
ἀναιρέομαι (ἀνελ-)
*take up, win*

**118–39** *Telemakhos sets up the axes and attempts to string the bow. Success seems certain on his fourth attempt, but he is restrained by a signal from Odysseus, and returns to his seat.*

Ἦ καὶ ἀπ' ὤμοιϊν χλαῖναν θέτο φοινικόεσσαν
ὀρθὸς ἀναΐξας, ἀπὸ δὲ ξίφος ὀξὺ θέτ' ὤμων.
πρῶτον μὲν πελέκεας στῆσεν, διὰ τάφρον ὀρύξας          120

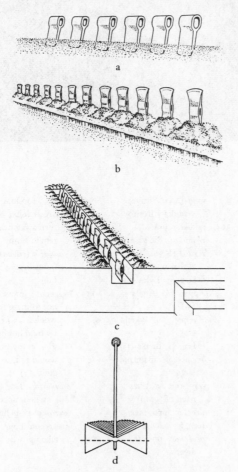

a

b

c

d

πελέκεας στῆσεν, διὰ τάφρον ὀρύξας

πᾶσι μίαν μακρήν, καὶ ἐπὶ στάθμην ἴθυνεν,
ἀμφὶ δὲ γαῖαν ἔναξε· τάφος δ' ἕλε πάντας ἰδόντας,
ὡς εὐκόσμως στῆσε· πάρος δ' οὔ πώ ποτ' ὀπώπει.
στῆ δ' ἄρ' ἐπ' οὐδὸν ἰὼν καὶ τόξου πειρήτιζε.
τρὶς μέν μιν πελέμιξεν ἐρύσσασθαι μενεαίνων,          125
τρὶς δὲ μεθῆκε βίης, ἐπιελπόμενος τό γε θυμῷ,
νευρὴν ἐντανύειν διοϊστεύσειν τε σιδήρου.
καί νύ κε δή ῥ' ἐτάνυσσε βίη τὸ τέταρτον ἀνέλκων,
ἀλλ' Ὀδυσεὺς ἀνένευε καὶ ἔσχεθεν ἱέμενόν περ.
τοῖς δ' αὖτις μετέειφ' ἱερὴ ἲς Τηλεμάχοιο·          130
"ὢ πόποι, ἦ καὶ ἔπειτα κακός τ' ἔσομαι καὶ ἄκικυς,
ἠὲ νεώτερός εἰμι καὶ οὔ πω χερσὶ πέποιθα
ἄνδρ' ἀπαμύνασθαι, ὅτε τις πρότερος χαλεπήνῃ.
ἀλλ' ἄγεθ', οἵ περ ἐμεῖο βίῃ προφερέστεροί ἐστε,
τόξου πειρήσασθε, καὶ ἐκτελέωμεν ἄεθλον."          135
    Ὣς εἰπὼν τόξον μὲν ἀπὸ ἕο θῆκε χαμᾶζε,
κλίνας κολλητῇσιν ἐϋξέστῃς σανίδεσσιν,
αὐτοῦ δ' ὠκὺ βέλος καλῇ προσέκλινε κορώνῃ,
ἂψ δ' αὖτις κατ' ἄρ' ἕζετ' ἐπὶ θρόνου ἔνθεν ἀνέστη.

---

*ἦ  he spoke
ὤμοιϊν  dual gen. of
  ὦμος
*χλαῖνα, ἡ  cloak (1c)
θέτο  3rd s. aor. of
  τίθεμαι
φοινίκεεις εσσα εν
  purple
ὀρθός ἥ όν  upright
*ἀναΐσσω  leap up
ἀπὸ ... θέτ(ο): ἀπο-
  τίθεμαι  take (acc.)          125
  off from (gen.)
120 στῆσεν  3rd s. aor. of
  ἵστημι
διὰ ... ὀρύξας  aor.
  part. of διορύσσω
  dig
τάφρος, ἡ  trench (2a)
στάθμη, ἡ  (carpen-
  ter's) line, ruler (1a)
ἰθύνω  make straight

ἀμφί  round about
νάσσω (aor. ἔναξα)
  stamp down
τάφος, τό  amazement
  (3c)
ἕλε = εἷλε (αἱρέω)
εὐκόσμως  precisely,
  accurately
*πάρος  before
πειρητίζω  try, test
  (+gen.)
τρίς  three times          130
πελεμίζω  make
  quiver
ἐρύομαι  draw
μενεαίνω  desire
  greatly
μεθίημι (aor. μεθῆκα)
  relax from
*βίη, ἡ  force, strength,
  effort (1b)
ἐπιέλπομαι  hope

*τανύω  string
τέταρτον  for the
  fourth time
ἀνέλκω  pull up, pull
  back
ἀνανεύω  nod upwards
  (expressing refusal or
  disapproval)
ἔσχεθεν  3rd s. aor. of
  ἔχω restrain
ἵεμαι  desire, be eager
τοῖς ... Τηλεμάχοιο
  see 101
*αὖτις = αὖθις
*ἦ καί  indeed
ἄκικυς (ἀκικυ-)
  feeble, powerless
πέποιθα  perf. of πείθο-
  μαι
ἀπαμύνομαι  defend
  oneself against
χαλεπαίνω  be angry

προφερέστερος α ον
  better, superior
135 *ἐκτελέω finish
  *χαμᾶζε on(to) the
    ground
  κλίνω lean (*acc.*) on
    (*dat.*)
  κολλητός ή όν closely
    joined

ἐΰξεστος η ον well
  polished, well
  planed
σανίς (σανιδ-), ή
  board, plank (*i.e.* of
  the door) (*3a*)
*ὠκύς εἶα ύ swift
*βέλος, τό missile,
  arrow (*3c*)

προσκλίνω lean
  against, prop up
κορώνη, ή door-
  handle, bow-tip (*1a*)
ἄψ αὖτις yet again
καθέζομαι sit down
*θρόνος, ὁ chair (*2a*)

**140–74** *Antinoos suggests that the suitors compete in turn from left to right. Leodes, their diviner, is the first to try, but his soft hands are not up to the task and he retires. As Leodes resumes his seat, Antinoos rebukes him.*

τοῖσιν δ' Ἀντίνοος μετέφη, Εὐπείθεος υἱός·                    140
"ὄρνυσθ' ἐξείης ἐπιδέξια πάντες ἑταῖροι,
ἀρξάμενοι τοῦ χώρου ὅθεν τέ περ οἰνοχοεύει."
    Ὣς ἔφατ' Ἀντίνοος, τοῖσιν δ' ἐπιήνδανε μῦθος.
Ληώδης δὲ πρῶτος ἀνίστατο, Οἴνοπος υἱός,
ὅ σφι θυοσκόος ἔσκε, παρὰ κρητῆρα δὲ καλὸν      145
ἷζε μυχοίτατος αἰέν· ἀτασθαλίαι δέ οἱ οἴῳ
ἐχθραὶ ἔσαν, πᾶσιν δὲ νεμέσσα μνηστήρεσσιν·
ὅς ῥα τότε πρῶτος τόξον λάβε καὶ βέλος ὠκύ.
στῆ δ' ἄρ' ἐπ' οὐδὸν ἰὼν καὶ τόξου πειρήτιζεν,
οὐδέ μιν ἐντάνυσε· πρὶν γὰρ κάμε χεῖρας ἀνέλκων      150
ἀτρίπτους ἀπαλάς· μετὰ δὲ μνηστῆρσιν ἔειπεν·
"ὦ φίλοι, οὐ μὲν ἐγὼ τανύω, λαβέτω δὲ καὶ ἄλλος.
πολλοὺς γὰρ τόδε τόξον ἀριστῆας κεκαδήσει
θυμοῦ καὶ ψυχῆς, ἐπεὶ ἦ πολὺ φέρτερόν ἐστι
τεθνάμεν ἢ ζώοντας ἁμαρτεῖν, οὗ θ' ἕνεκ' αἰεὶ      155
ἐνθάδ' ὁμιλέομεν, ποτιδέγμενοι ἤματα πάντα.
νῦν μέν τις καὶ ἔλπετ' ἐνὶ φρεσὶν ἠδὲ μενοινᾷ
γῆμαι Πηνελόπειαν, Ὀδυσσῆος παράκοιτιν.
αὐτὰρ ἐπὴν τόξου πειρήσεται ἠδὲ ἴδηται,
ἄλλην δή τιν' ἔπειτα Ἀχαιϊάδων εὐπέπλων      160
μνάσθω ἐέδνοισιν διζήμενος· ἡ δέ κ' ἔπειτα
γήμαιθ' ὅς κε πλεῖστα πόροι καὶ μόρσιμος ἔλθοι."
    Ὣς ἄρ' ἐφώνησεν καὶ ἀπὸ ἕο τόξον ἔθηκε,
κλίνας κολλητῇσιν ἐϋξέστῃς σανίδεσσιν,

αὐτοῦ δ' ὠκὺ βέλος καλῇ προσέκλινε κορώνῃ,            165
ἂψ δ' αὖτις κατ' ἄρ' ἕζετ' ἐπὶ θρόνου ἔνθεν ἀνέστη.
Ἀντίνοος δ' ἐνένιπεν ἔπος τ' ἔφατ' ἔκ τ' ὀνόμαζε·
"Ληῶδες, ποῖόν σε ἔπος φύγεν ἕρκος ὀδόντων,
δεινόν τ' ἀργαλέον τε — νεμεσσῶμαι δέ τ' ἀκούων —
εἰ δὴ τοῦτό γε τόξον ἀριστῆας κεκαδήσει            170
θυμοῦ καὶ ψυχῆς, ἐπεὶ οὐ δύνασαι σὺ τανύσσαι.
οὐ γάρ τοι σέ γε τοῖον ἐγείνατο πότνια μήτηρ
οἷόν τε ῥυτῆρα βιοῦ τ' ἔμεναι καὶ ὀϊστῶν·
ἀλλ' ἄλλοι τανύουσι τάχα μνηστῆρες ἀγαυοί."

140 *μετάφημι speak
     among
     Εὐπείθης, ὁ Eupei-
     thes (3d)
     ὄρνυμι arise
     ἐξείης in turn
     ἐπιδέξια from left to
     right
     χῶρος, ὁ place (2a)
     οἰνοχοεύω pour wine
     ἐπιανδάνω be pleasing
     Ληῶδης, ὁ Leodes, a
     suitor (1d)
     Οἶνοψ (Οἰνοπ-), ὁ
     Oinops (3a)
145 θυοσκόος, ὁ one who
     inspects sacrificial
     victims, diviner (2a)
     κρητήρ (κρητηρ-), ὁ
     mixing bowl (3a)
     ἵζω sit
     μυχοίτατος η ον in
     the farthest corner
     αἰέν = αἰεί always
     ἀτασθαλία, ἡ (always pl.
     in Homer) wickedness
     (1b)
    *οἶος α ον alone
     ἐχθρός ή όν hostile,
     hated
    *ἔσαν = ἦσαν
    *νεμεσάω feel just
     resentment, be
     angry

    *ὅς ἥ ὅ he, she, it
     149: cf. 124
150 κάμνω grow weary
     of + part. (χεῖρας acc.
     of respect)
     ἀνέλκω pull up, pull
     back
     ἄτριπτος ον not worn
     hard by work
     ἁπαλός ή όν soft, ten-
     der
    *ἀριστεύς, ὁ chief (3g)
    *κεκαδήσει fut. of
     χάζω deprive (acc.)
     of (gen.); force (acc.)
     to retire from (gen.)
    *φέρτερος α ον better
155 τεθνάμεν perf. inf. of
     θνήσκω
    *ζώω live
     ἁμαρτάνω (ἁμαρτ-)
     go wrong, fail
     ὁμιλέω be in com-
     pany with, assemble
     ποτιδέγμενος pres.
     part. of προσδέχομαι
     expect, wait, be in
     expectation
    *ἔλπομαι hope
     μενοινάω desire
     eagerly
     γῆμαι aor. inf. of
     γαμέω
     παράκοιτις, ἡ wife
     (3e)

     ἐπήν = ἐπεὶ ἄν
160 *Ἀχαιΐς (Ἀχαιϊδ-), ἡ
     Akhaian (i.e. Greek)
     woman (3a)
     εὔπεπλος ον beauti-
     fully robed
    *μνάομαι woo
     ἕεδνα, τά bridal gifts
     (2b)
     δίζημαι seek to win
     πόροι opt. of ἔπορον
     (aor., no pres.) give
     μόρσιμος ον destined,
     brought by fate
     164–6: cf. 137–9
     167: cf. 84
168 ἕρκος, τό fence (3c)
     (limits σε – 'you, that
     is, the barrier of your
     teeth')
    *ὀδούς (ὀδοντ-), ὁ
     tooth, tusk (3a)
     ἀργαλέος α ον painful,
     troublesome
     170–1: cf. 153–4
     τοῖος α ον of such a
     kind
     γείνομαι give birth to
     ῥυτήρ (ῥυτηρ-), ὁ one
     who draws (3a)
    *ἔμεναι = εἶναι
     τανύω here fut.
    *τάχα quickly, soon

**175–87** *Antinoos gives instructions to Melanthios to heat and wax the bow, but the suitors are still unable to string it.*

Ὣς φάτο, καί ῥ' ἐκέλευσε Μελάνθιον, αἰπόλον αἰγῶν·
"ἄγρει δή, πῦρ κῆον ἐνὶ μεγάροισι, Μελανθεῦ,                    176
πὰρ δὲ τίθει δίφρον τε μέγαν καὶ κῶας ἐπ' αὐτοῦ,
ἐκ δὲ στέατος ἔνεικε μέγαν τροχὸν ἔνδον ἐόντος,
ὄφρα νέοι θάλποντες, ἐπιχρίοντες ἀλοιφῇ,
τόξου πειρώμεσθα καὶ ἐκτελέωμεν ἄεθλον."                        180
Ὣς φάθ', ὁ δ' αἶψ' ἀνέκαιε Μελάνθιος ἀκάματον πῦρ,
πὰρ δὲ φέρων δίφρον θῆκεν καὶ κῶας ἐπ' αὐτοῦ,
ἐκ δὲ στέατος ἔνεικε μέγαν τροχὸν ἔνδον ἐόντος·
τῷ ῥα νέοι θάλποντες ἐπειρῶντ'· οὐδ' ἐδύναντο
ἐντανύσαι, πολλὸν δὲ βίης ἐπιδευέες ἦσαν.                      185
Ἀντίνοος δ' ἔτ' ἐπεῖχε καὶ Εὐρύμαχος θεοειδής,
ἀρχοὶ μνηστήρων· ἀρετῇ δ' ἔσαν ἔξοχ' ἄριστοι.

175 Μελάνθιος (2a) and
 Μελανθεύς (3g), ὁ
 Melanthios, faithless
 servant of Odysseus
* αἰπόλος, ὁ goatherd
 (2a)
* αἴξ (αἰγ-) ὁ, ἡ goat
 (3a)
 ἄγρει = ἄγε
* καίω (aor. imper. κῆον)
 kindle, light
* δίφρος, ὁ chair, stool
 (2a)
 κῶας, τό fleece (3c)

στέαρ (στεατ-), τό
 fat, wax, tallow (3b)
ἔνεικε aor. imper. of
 φέρω
τροχός, ὁ (round)
 lump, wheel (2a)
θάλπω heat, soften by
 heat
ἐπιχρίω smear
ἀλοιφή, ἡ grease (1a)
181 * αἶψα at once
 ἀνακαίω light up
 ἀκάματος ον untiring
182: see 177

183: cf. 178
 ἔνεικε 3rd s. aor. of
 φέρω
184: see 179
* τῷ therefore, then
185 ἐπιδευής ές lacking,
 failing
 ἐπέχω persist, keep at
 Εὐρύμαχος, ὁ Eury-
 makhos, a suitor (2a)
* θεοειδής ές godlike
 ἀρχός, ὁ leader (2a)
 ἔξοχα beyond com-
 pare

**188–204** *When Eumaios and Philoitios go outside, Odysseus follows them and tests their loyalty.*

Τὼ δ' ἐξ οἴκου βῆσαν ὁμαρτήσαντες ἅμ' ἄμφω
βουκόλος ἠδὲ συφορβὸς Ὀδυσσῆος θείοιο·
ἐκ δ' αὐτὸς μετὰ τοὺς δόμου ἤλυθε δῖος Ὀδυσσεύς.              190
ἀλλ' ὅτε δή ῥ' ἐκτὸς θυρέων ἔσαν ἠδὲ καὶ αὐλῆς,
φθεγξάμενός σφε ἔπεσσι προσηύδα μειλιχίοισι·
"βουκόλε καὶ σύ, συφορβέ, ἔπος τί κε μυθησαίμην,

βουκόλε καὶ σύ, συφορβέ

ἢ αὐτὸς κεύθω; φάσθαι δέ με θυμὸς ἀνώγει.
ποῖοί κ᾿ εἶτ᾿ Ὀδυσῆϊ ἀμυνέμεν, εἴ ποθεν ἔλθοι          195
ὧδε μάλ᾿ ἐξαπίνης καί τις θεὸς αὐτὸν ἐνείκαι;
ἤ κε μνηστήρεσσιν ἀμύνοιτ᾿ ἢ Ὀδυσῆϊ;
εἴπαθ᾿ ὅπως ὑμέας κραδίη θυμός τε κελεύει."
    Τὸν δ᾿ αὖτε προσέειπε βοῶν ἐπιβουκόλος ἀνήρ·
"Ζεῦ πάτερ, αἲ γὰρ τοῦτο τελευτήσειας ἐέλδωρ,          200
ὡς ἔλθοι μὲν κεῖνος ἀνήρ, ἀγάγοι δέ ἑ δαίμων·
γνοίης χ᾿ οἵη ἐμὴ δύναμις καὶ χεῖρες ἕπονται."
    Ὣς δ᾿ αὔτως Εὔμαιος ἐπεύχετο πᾶσι θεοῖσι
νοστῆσαι Ὀδυσῆα πολύφρονα ὅνδε δόμονδε.

ὁμαρτέω  act together,
    at the same moment
* ἄμφω  both
190  ἐκ ... δόμου
* ἤλυθε = ἦλθε
    ἐκτός  outside (+gen.)

* φθέγγομαι (φθεγξ-)
    speak, address,
    utter
σφέ  acc. of σφεῖς
* προσαυδάω  speak to,
    address

μειλίχιος α ον  sooth-
    ing, gentle
* μυθέομαι  speak
κεύθω  conceal, hide
    (del. subj.)
195  ποῖοί κ᾿ εἶτ(ε)  of what

sort would you be
to ...
* ἀμύνω defend, fight
for (+dat.)
ἐξαπίνης suddenly
ἔνεικα = ἤνεγκα (aor. of
φέρω)
εἴπαθ᾽ = εἴπατε, aor.

imper. from εἶπα/
εἶπον
κραδίη, ἡ   heart (1b)
* βοῦς (βο(υ)-), ὁ   ox (3)
* ἐπιβουκόλος, ὁ   herds-
man (2a)
200   αἰ γάρ = εἰ γάρ if only
ἐέλδωρ, τό   wish (3)

* αὔτως thus, even so
ἐπεύχομαι (ἐπευξ-)
pray to
* νοστέω return
πολυφρών (πολυφρον-)
wily, ingenious
* ὅς ἥ ὅν his, her

**205–20** *Odysseus reveals his identity to Eumaios and Philoitios,
using the scar as proof.*

αὐτὰρ ἐπεὶ δὴ τῶν γε νόον νημερτέ᾽ ἀνέγνω,                205
ἐξαῦτίς σφε ἔπεσσιν ἀμειβόμενος προσέειπεν·
"Ἔνδον μὲν δὴ ὅδ᾽ αὐτὸς ἐγώ, κακὰ πολλὰ μογήσας,
ἤλυθον εἰκοστῷ ἔτεϊ ἐς πατρίδα γαῖαν.
γιγνώσκω δ᾽ ὡς σφῶϊν ἐελδομένοισιν ἱκάνω
οἴοισι δμώων· τῶν δ᾽ ἄλλων οὔ τευ ἄκουσα                210
εὐξαμένου ἐμὲ αὖτις ὑπότροπον οἴκαδ᾽ ἱκέσθαι.
σφῶϊν δ᾽, ὡς ἔσεταί περ, ἀληθείην καταλέξω·
εἴ χ᾽ ὑπ᾽ ἐμοί γε θεὸς δαμάσῃ μνηστῆρας ἀγαυούς,
ἄξομαι ἀμφοτέροις ἀλόχους καὶ κτήματ᾽ ὀπάσσω
οἰκία τ᾽ ἐγγὺς ἐμεῖο τετυγμένα· καί μοι ἔπειτα           215
Τηλεμάχου ἑτάρω τε κασιγνήτω τε ἔσεσθον.
εἰ δ᾽ ἄγε δὴ καὶ σῆμα ἀριφραδὲς ἄλλο τι δείξω,
ὄφρα μ᾽ ἐΰ γνῶτον πιστωθῆτόν τ᾽ ἐνὶ θυμῷ,

σῦς ἤλασε λευκῷ ὀδόντι

οὐλήν, τήν ποτέ με σῦς ἥλασε λευκῷ ὀδόντι
Παρνησόνδ' ἐλθόντα σὺν υἱάσιν Αὐτολύκοιο." 220

205 νημερτής ἐς undeceit-
ful, true
ἀναγιγνώσκω (ἀναγνο-)
know, discern
* ἐξαῦτις again
ἔνδον inside, i.e. re-
turned home
μογέω labour/toil
through
εἰκοστός ή όν twen-
tieth
σφῶϊν dat. dual of
σφῶϊ you two
ἐέλδομαι wish, want
210 * δμώς (δμω-), ὁ slave
(3a)
ὑπότροπος ον turning
back, returning

ὑπό (+ dat.) under,
by, through
δαμάω subdue, con-
quer
* ἄλοχος, ἡ wife (2a)
ὀπάζω give
215 * τεύχω (τευξ-, τετυγ-)
make, build, bring
about
* ἕταρος = ἑταῖρος
κασίγνητος, ὁ
brother, relative (2a)
ἔσεσθον fut. dual of
εἰμί
* εἰ δ' ἄγε come now
* σῆμα, τό sign (3b)
ἀριφραδής ἐς sure,
true

γνῶτον πιστωθῆτον du-
als, 2nd dual aor. subj.
πιστόομαι be per-
suaded, trust
* οὐλή, ἡ scar (1a)
σῦς (συ-), ὁ boar (3a)
ἐλαύνω (ἐλασ-) drive
through
λευκός ή όν white
220 Παρνησός, ὁ Mt Par-
nassus (2a)
υἱάσιν dat. pl. of υἱός
Αὐτόλυκος, ὁ Auto-
lykos, grandfather of
Odysseus (2a) (see
19.386–466)

**221–44** *Odysseus receives an emotional welcome from his two
faithful servants and gives them instructions. They return to
the hall separately.*

Ὣς εἰπὼν ῥάκεα μεγάλης ἀποέργαθεν οὐλῆς.
τὼ δ' ἐπεὶ εἰσιδέτην εὖ τ' ἐφράσσαντο ἕκαστα,
κλαῖον ἄρ' ἀμφ' Ὀδυσῆϊ δαΐφρονι χεῖρε βαλόντε,
καὶ κύνεον ἀγαπαζόμενοι κεφαλήν τε καὶ ὤμους.
ὣς δ' αὔτως Ὀδυσεὺς κεφαλὰς καὶ χεῖρας ἔκυσσε. 225
καί νύ κ' ὀδυρομένοισιν ἔδυ φάος ἠελίοιο,
εἰ μὴ Ὀδυσσεὺς αὐτὸς ἐρύκακε φώνησέν τε·
"παύεσθον κλαυθμοῖο γόοιό τε, μή τις ἴδηται
ἐξελθὼν μεγάροιο, ἀτὰρ εἴπῃσι καὶ εἴσω.
ἀλλὰ προμνηστῖνοι ἐσέλθετε, μηδ' ἅμα πάντες, 230
πρῶτος ἐγώ, μετὰ δ' ὔμμες· ἀτὰρ τόδε σῆμα τετύχθω·
ἄλλοι μὲν γὰρ πάντες, ὅσοι μνηστῆρες ἀγαυοί,
οὐκ ἐάσουσιν ἐμοὶ δόμεναι βιὸν ἠδὲ φαρέτρην·
ἀλλὰ σύ, δι' Εὔμαιε, φέρων ἀνὰ δώματα τόξον
ἐν χείρεσσιν ἐμοὶ θέμεναι, εἰπεῖν τε γυναιξὶ 235

κληῖσαι μεγάροιο θύρας πυκινῶς ἀραρυίας,
ἢν δέ τις ἢ στοναχῆς ἠὲ κτύπου ἔνδον ἀκούσῃ
ἀνδρῶν ἡμετέροισιν ἐν ἔρκεσι, μή τι θύραζε
προβλώσκειν, ἀλλ' αὐτοῦ ἀκὴν ἔμεναι παρὰ ἔργῳ.
σοὶ δέ, Φιλοίτιε δῖε, θύρας ἐπιτέλλομαι αὐλῆς        240
κληῖσαι κληῖδι, θοῶς δ' ἐπὶ δεσμὸν ἰῆλαι."
    Ὣς εἰπὼν εἰσῆλθε δόμους εὖ ναιετάοντας·
ἕζετ' ἔπειτ' ἐπὶ δίφρον ἰών, ἔνθεν περ ἀνέστη·
ἐς δ' ἄρα καὶ τὼ δμῶε ἴτην θείου Ὀδυσῆος.

ῥάκος, τό  ragged gar-
    ment, (*pl.*) rags (*3c*)
ἀπείργω (*2nd aor.*
    ἀποεργαθ-)  part X
    (*acc.*) from Y (*gen.*)
φράζομαι (φρασσ-)        230
    notice, observe
χεῖρε  *dual acc.*
βαλόντε  *dual nom.*
κυνέω (κυσ-)  kiss
ἀγαπάζομαι  greet
    with affection, show
    affection, caress
226 * ὀδύρομαι  weep,
    lament, mourn (for,
    +*gen.*)
δύω  sink
φάος, τό  light (*3c*)
ἠέλιος = ἥλιος
ἐρύκω (*aor.* ἐρυκακ-)
    restrain, hold back
παύεσθον  *dual imper.*

κλαυθμός, ὁ  weeping
    (*2a*)
γόος, ὁ  wailing,
    lamentation (*2a*)
εἴσω  inside
230 προμνηστῖνοι  one by
    one
ὕμμες = ὑμεῖς
τετύχθω  *3rd s. perf.*
    *pass. imper. of* τεύχω
    (τετυγ-) make,
    establish
ἀνά + *acc.*  through
235 θέμεναι *and* εἰπεῖν
    *inf. here used as imper.*
*κλείω (κληΐω, κληΐσ-)
    shut, close
πυκινῶς  compactly,
    fast
ἀραρώς -υῖα -ός (ἀρα-
    ρίσκω)  fitting,
    fitted

* ἤν = ἐάν
* ἤ ... ἠέ = ἤ ... ἤ
    either .... or
στοναχή, ἡ  groaning
    (*1a*)
κτύπος, ὁ  noise, din
    (*2a*)
ἔρκος, τό  fence, wall
    (*3c*)
προβλώσκω  go out
ἀκήν  in silence
240 ἐπιτέλλομαι (+*dat.*)
    order
δεσμός, ὁ  bond, fas-
    tening (*2a*)
ἐπὶ ... ἰάλλω (*aor.* ἐπί-
    ηλα)  put on as
    well, tie on
ναιετάω  be situated
ἐς ... ἴτην  *dual impf.*
    *of* εἰσέρχομαι

**245–72** *Eurymakhos fails to string the bow. Antinoos proposes postponing the contest until the following day. His suggestion is accepted.*

Εὐρύμαχος δ' ἤδη τόξον μετὰ χερσὶν ἐνώμα,        245
θάλπων ἔνθα καὶ ἔνθα σέλᾳ πυρός· ἀλλά μιν οὐδ' ὧς
ἐντανύσαι δύνατο, μέγα δ' ἔστενε κυδάλιμον κῆρ·
ὀχθήσας δ' ἄρα εἶπεν ἔπος τ' ἔφατ' ἔκ τ' ὀνόμαζεν·
"ὢ πόποι, ἦ μοι ἄχος περί τ' αὐτοῦ καὶ περὶ πάντων·

οὔ τι γάμου τοσσοῦτον ὀδύρομαι, ἀχνύμενός περ·            250
εἰσὶ καὶ ἄλλαι πολλαὶ Ἀχαιΐδες, αἱ μὲν ἐν αὐτῇ
ἀμφιάλῳ Ἰθάκῃ, αἱ δ' ἄλλῃσιν πολίεσσιν·
ἀλλ' εἰ δὴ τοσσόνδε βίης ἐπιδευέες εἰμὲν
ἀντιθέου Ὀδυσῆος, ὅ τ' οὐ δυνάμεσθα τανύσσαι
τόξον· ἐλεγχείῃ δὲ καὶ ἐσσομένοισι πυθέσθαι."            255
    Τὸν δ' αὖτ' Ἀντίνοος προσέφη, Εὐπείθεος υἱός·
"Εὐρύμαχ', οὐχ οὕτως ἔσται· νοέεις δὲ καὶ αὐτός.
νῦν μὲν γὰρ κατὰ δῆμον ἑορτὴ τοῖο θεοῖο
ἁγνή· τίς δέ κε τόξα τιταίνοιτ'; ἀλλὰ ἔκηλοι
κάτθετ'· ἀτὰρ πελέκεάς γε καὶ εἴ κ' εἰῶμεν ἅπαντας    260
ἑστάμεν· οὐ μὲν γάρ τιν' ἀναιρήσεσθαι ὀΐω,

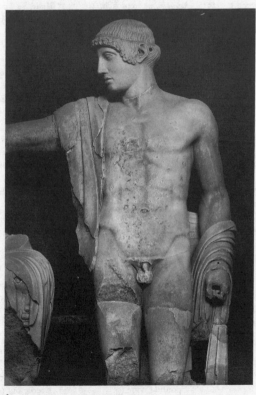

Ἀπόλλων κλυτότοξος

ἐλθόντ' ἐς μέγαρον Λαερτιάδεω Ὀδυσῆος.
ἀλλ' ἄγετ', οἰνοχόος μὲν ἐπαρξάσθω δεπάεσσιν,
ὄφρα σπείσαντες καταθείομεν ἀγκύλα τόξα·
ἠῶθεν δὲ κέλεσθε Μελάνθιον, αἰπόλον αἰγῶν,                    265
αἶγας ἄγειν, αἳ πᾶσι μέγ' ἔξοχοι αἰπολίοισιν,
ὄφρ' ἐπὶ μηρία θέντες Ἀπόλλωνι κλυτοτόξῳ
τόξου πειρώμεσθα καὶ ἐκτελέωμεν ἄεθλον."
Ὣς ἔφατ' Ἀντίνοος, τοῖσιν δ' ἐπιήνδανε μῦθος.
τοῖσι δὲ κήρυκες μὲν ὕδωρ ἐπὶ χεῖρας ἔχευαν,                 270
κοῦροι δὲ κρητῆρας ἐπεστέψαντο ποτοῖο,
νώμησαν δ' ἄρα πᾶσιν ἐπαρξάμενοι δεπάεσσιν.

---

245 * μετά (+ dat.) between,
in
* νωμάω handle
θάλπω heat, soften by
heat
* ἔνθα καὶ ἔνθα this way
and that
σέλας, τό light, flame
(σέλᾳ dat. s.) (3)
κυδάλιμος ον noble
κῆρ (κηρ-), τό heart
(3b)
ὀχθέω be annoyed,
vexed
* ἄχος, τό pain, distress,
anger (3c)
αὐτοῦ i.e. ἐμαυτοῦ
250 τοσσοῦτον = τοσοῦτον
so much
ἀμφίαλος ον sea-girt
πολίεσσιν dat. pl. of
πόλις
τοσσόνδε so much
ἐπιδευής ές lacking in,
inferior in (gen.) to
(gen.)
εἰμέν = ἐσμέν
ἀντίθεος η ον godlike
ὅ τ' = ὅ τε in that
(equivalent to ὅτι)

255 ἐλεγχείη, ἡ reproach,
disgrace (1b)
ἐσσομένοισι fut. part.
of εἰμί (tr. for those
in the future)
* πρόσφημι speak to,
address
ἑορτή, ἡ festival (1a)
ἁγνός ή όν hallowed,
sacred
τιταίνομαι stretch,
bend
* ἔκηλος ον at rest, at
one's ease, quiet
260 κάτθετε aor. imper. of
κατατίθημι put aside
εἰ tr. what if?
εἰῶμεν 1st pl. subj. of
ἐάω allow, leave
alone, let be
ἕσταμεν perf. inf. of
ἵστημι
Λαερτιάδης, ὁ son of
Laertes (1d)
οἰνοχόος, ὁ cupbearer
(2a)
ἐπάρχομαι pour the
first drops before a
libation, begin by
pouring wine (cf.
272)

* δέπας, τό cup (dat. pl.
δεπάεσσιν) (3)
σπείσαντες aor. part. of
σπένδω (cf. 273)
ἀγκύλος η ον curved
265 * ἠῶθεν at daybreak
* κέλομαι order
ἔξοχος ον finest
αἰπόλιον, τό herd of
goats (2b)
ἐπί ... θέντες aor.
part. of ἐπιτίθημι
place upon (the
altar)
μηρία, τά thigh-bones
(2b)
κλυτότοξος ον famous
for the bow (epithet
of Apollo)
268: cf. 180
269: cf. 143
270 χέω (aor. ἔχευα) pour
κοῦρος, ὁ boy, servant
(2a)
ἐπιστέφομαι fill X
(acc.) with Y (gen.)
ποτόν, τό drink, wine
(2b)
νωμάω distribute,
serve out (normally
= handle)

**273–84** *Odysseus asks to try out the bow.*

οἱ δ' ἐπεὶ οὖν σπεῖσάν τ' ἔπιόν θ' ὅσον ἤθελε θυμός,
τοῖς δὲ δολοφρονέων μετέφη πολύμητις Ὀδυσσεύς·
"κέκλυτέ μευ, μνηστῆρες ἀγακλειτῆς βασιλείης·                    275
ὄφρ' εἴπω τά με θυμὸς ἐνὶ στήθεσσι κελεύει·
Εὐρύμαχον δὲ μάλιστα καὶ Ἀντίνοον θεοειδέα
λίσσομ', ἐπεὶ καὶ τοῦτο ἔπος κατὰ μοῖραν ἔειπε,
νῦν μὲν παῦσαι τόξον, ἐπιτρέψαι δὲ θεοῖσιν·
ἠῶθεν δὲ θεὸς δώσει κράτος ᾧ κ' ἐθέλῃσιν.                       280
ἀλλ' ἄγ' ἐμοὶ δότε τόξον ἐΰξοον, ὄφρα μεθ' ὑμῖν
χειρῶν καὶ σθένεος πειρήσομαι, ἤ μοι ἔτ' ἐστὶν
ἴς, οἵη πάρος ἔσκεν ἐνὶ γναμπτοῖσι μέλεσσιν,
ἢ ἤδη μοι ὄλεσσεν ἄλη τ' ἀκομιστίη τε."

δολοφρονέων ουσα ον
  wily-minded
* πολύμητις  full of
  cunning
275 κέκλυτε  aor. imper. of
  κλύω hear
  ἀγακλειτός ή όν  very
  famous

βασιλείη, ἡ  queen
  (1b)
ἐπιτρέπω  entrust (i.e.
  the problem of the
  bow), leave to
280 κράτος, τό  strength,
  power, victory (3c)
  σθένος, τό  strength
  (3c)

γναμπτός ή όν  supple,
  bent
μέλος, τό  limb (3c)
ὄλεσσεν  3rd s. aor. of
  ὄλλυμι
ἄλη, ἡ  wandering (1a)
ἀκομιστίη, ἡ  lack of
  care, neglect (1b)

**285–310** *Odysseus is rebuked by Antinoos, who accuses him of being
drunk and reminds him of the story of the Centaurs and
Lapiths. He ends with a threat.*

Ὣς ἔφαθ', οἱ δ' ἄρα πάντες ὑπερφιάλως νεμέσησαν,          285
δείσαντες μὴ τόξον ἐΰξοον ἐντανύσειεν.
Ἀντίνοος δ' ἐνένιπεν ἔπος τ' ἔφατ' ἔκ τ' ὀνόμαζεν·
"ἆ δειλὲ ξείνων, ἔνι τοι φρένες οὐδ' ἠβαιαί·
οὐκ ἀγαπᾷς ὃ ἔκηλος ὑπερφιάλοισι μεθ' ἡμῖν
δαίνυσαι, οὐδέ τι δαιτὸς ἀμέρδεαι, αὐτὰρ ἀκούεις          290
μύθων ἡμετέρων καὶ ῥήσιος; οὐδέ τις ἄλλος
ἡμετέρων μύθων ξεῖνος καὶ πτωχὸς ἀκούει.
οἶνός σε τρώει μελιηδής, ὅς τε καὶ ἄλλους
βλάπτει, ὃς ἄν μιν χανδὸν ἕλῃ μηδ' αἴσιμα πίνῃ.

οἶνος καὶ Κένταυρον, ἀγακλυτὸν Εὐρυτίωνα,
ἄασ' ἐνὶ μεγάρῳ μεγαθύμου Πειριθόοιο

οἶνος καὶ Κένταυρον, ἀγακλυτὸν Εὐρυτίωνα,          295
ἄασ' ἐνὶ μεγάρῳ μεγαθύμου Πειριθόοιο,
ἐς Λαπίθας ἐλθόνθ'· ὁ δ' ἐπεὶ φρένας ἄασεν οἴνῳ,
μαινόμενος κάκ' ἔρεξε δόμον κάτα Πειριθόοιο·
ἥρωας δ' ἄχος εἷλε, διὲκ προθύρου δὲ θύραζε
ἕλκον ἀναΐξαντες, ἀπ' οὔατα νηλέϊ χαλκῷ          300
ῥῖνάς τ' ἀμήσαντες· ὁ δὲ φρεσὶν ᾗσιν ἀασθεὶς
ἤϊεν ἣν ἄτην ὀχέων ἀεσίφρονι θυμῷ.
ἐξ οὗ Κενταύροισι καὶ ἀνδράσι νεῖκος ἐτύχθη,
οἳ δ' αὐτῷ πρώτῳ κακὸν εὕρετο οἰνοβαρείων.
ὣς καὶ σοὶ μέγα πῆμα πιφαύσκομαι, αἴ κε τὸ τόξον          305
ἐντανύσῃς· οὐ γάρ τευ ἐπητύος ἀντιβολήσεις
ἡμετέρῳ ἐνὶ δήμῳ, ἄφαρ δέ σε νηῒ μελαίνῃ

εἰς Ἔχετον βασιλῆα, βροτῶν δηλήμονα πάντων,
πέμψομεν· ἔνθεν δ’ οὔ τι σαώσεαι· ἀλλὰ ἔκηλος
πῖνέ τε, μηδ’ ἐρίδαινε μετ’ ἀνδράσι κουροτέροισι.”    310

285 ὑπερφιάλως exceed-
ingly, excessively
* δείδω ( aor. ἔδεισα)
fear
287: cf. 84, 167
ἔνι inside (sc. εἰσί)
ἠβαιός ά όν small, the
least
ἀγαπάω be contented
(ὅ = that)
ὑπερφίαλος ον arro-
gant, powerful
290 * δαίς (δαιτ-), ἡ meal,
banquet (3a)
ἀμέρδομαι be
deprived of
ῥῆσις, ἡ speech, con-
versation (3e)
* πτωχός, ὁ beggar
(2a)
* οἶνος, ὁ wine (2a)
τρώω hurt, damage
μελιηδής ές honey-
sweet
* βλάπτω harm
χανδόν at one gulp,
greedily
αἴσιμος ον sensible,
fitting (αἴσιμα adver-
bial n. pl.)
295 Κένταυρος, ὁ centaur
(2a)
ἀγακλυτός όν very
famous
Εὐρυτίων (Εὐρυτιων-),
ὁ Eurytion, a cen-
taur (3a)
ἀάω hurt, mislead,
infatuate

μεγάθυμος ον great-
hearted
Πειρίθοος, ὁ Peiri-
thoos, king of the
Lapiths (2a)
Λαπίθαι, οἱ Lapiths
(1d)
μαίνομαι be mad
ῥέζω (aor. ἔρεξα) do,
act
* κατά (+ acc.) through-
out, in (the position of
the accent (κάτα) shows
that it governs the pre-
ceding word)
ἥρως (ἥρω-), ὁ hero
(3a)
διέκ (+ gen.) out
through
προθύρον, τό front
door (2b)
300 * ἕλκω drag
ἀπ’ ... ἀμήσαντες aor.
part. of ἀπαμάω cut
off
οὖς (ὠτ- and οὐατ-), τό
ear (3b)
νηλής ές pitiless,
ruthless
* ῥίς (ῥιν-), ἡ nose, in
pl. nostrils, nose (3a)
ἤϊεν (3rd s. impf. of
ἔρχομαι) went
about
ἄτη, ἡ infatuation,
the results of his rash
action (1a)
ὀχέω carry, bear, put
up with

ἀεσίφρων (ἀεσιφρον-)
thoughtless, witless
ἐξ οὗ since when or
because of this
νεῖκος, τό quarrel,
feud (3c)
τεύχω (aor. pass. ἐτύ-
χθην) in pass. be
caused, arise
εὑρίσκομαι bring
upon oneself
οἰνοβαρείων being
heavy with wine
305 πῆμα (πηματ-), τό
misery, calamity (3b)
πιφαύσκομαι make
known, disclose
* αἴ κε = εἴ κε = ἐάν if
ἐπητύς (ἐπητυ-), ἡ
courtesy, kindness
(3a)
ἀντιβολέω (+ gen.)
meet with, have
one’s share of, get
ἄφαρ at once
Ἔχετος, ὁ Ekhetos, a
cruel king (2a)
δηλήμων (δηλημον-)
harmful, doing
harm, destroyer of
σαώσεαι 2nd s. fut.
mid. of σαόω =
σῴζω escape
unharmed
310 ἐρίδαινω quarrel
κουρότερος α ον
younger, still young

**311–29** Penelope reminds Antinoos that the beggar is Telemakhos'
guest, not a suitor. Eurymakhos points out the shame the
suitors would suffer if the beggar succeeded and they failed.

Τὸν δ' αὖτε προσέειπε περίφρων Πηνελόπεια·
"Ἀντίνο', οὐ μὲν καλὸν ἀτέμβειν οὐδὲ δίκαιον
ξείνους Τηλεμάχου, ὅς κεν τάδε δώμαθ' ἵκηται.
ἔλπεαι, αἴ χ' ὁ ξεῖνος Ὀδυσσῆος μέγα τόξον
ἐντανύσῃ χερσίν τε βίηφί τε ἧφι πιθήσας,          315
οἴκαδέ μ' ἄξεσθαι καὶ ἑὴν θήσεσθαι ἄκοιτιν;
οὐδ' αὐτός που τοῦτό γ' ἐνὶ στήθεσσιν ἔολπε·
μηδέ τις ὑμείων τοῦ γ' εἵνεκα θυμὸν ἀχεύων
ἐνθάδε δαινύσθω, ἐπεὶ οὐδὲ μὲν οὐδὲ ἔοικε."

Τὴν δ' αὖτ' Εὐρύμαχος, Πολύβου πάϊς, ἀντίον ηὔδα·   320
"κούρη Ἰκαρίοιο, περίφρον Πηνελόπεια,
οὔ τί σε τόνδ' ἄξεσθαι ὀϊόμεθ'· οὐδὲ ἔοικεν·
ἀλλ' αἰσχυνόμενοι φάτιν ἀνδρῶν ἠδὲ γυναικῶν,
μή ποτέ τις εἴπῃσι κακώτερος ἄλλος Ἀχαιῶν·
'ἦ πολὺ χείρονες ἄνδρες ἀμύμονος ἀνδρὸς ἄκοιτιν   325
μνῶνται, οὐδέ τι τόξον ἐΰξοον ἐντανύουσιν·
ἀλλ' ἄλλος τις πτωχὸς ἀνὴρ ἀλαλήμενος ἐλθὼν

πτωχὸς ἀνὴρ ἀλαλήμενος

ῥηϊδίως ἐτάνυσσε βιόν, διὰ δ' ἧκε σιδήρου.'
ὣς ἐρέουσ', ἡμῖν δ' ἂν ἐλέγχεα ταῦτα γένοιτο."

* περίφρων (περιφρον-)
   very wise, intelligent
 ἀτέμβω maltreat
315 ἧφι *dat. s. f. of* ὅς ἥ ὅν
* πιθέω *(aor. part.* πιθή-
   σας) (+ *dat.*) trust in
* ἄκοιτις, ἡ wife *(3e)*
* που *(enclitic)* I suppose
   ἔολπε *3rd s. perf. of*
   ἔλπομαι
   εἵνεκα = ἕνεκα

ἀχεύω grieve, mourn
οὐδὲ μὲν οὐδέ not in
   any way, certainly
   not
320 Πολύβος, ὁ Polybos
   *(2a)*
* ἀντίον against, in
   reply
   φάτις, ἡ talk, rumour
   *(3e)*
   Ἀχαιός, ὁ Akhaian,
   Greek *(2a)*

325 * ἦ indeed
   ἀμύμων (ἀμυμον-)
   blameless, noble
   ἀλάομαι wander
   διίημι *(aor.* διῆκα)
   shoot (the arrow)
   through
* ἔλεγχος, τό disgrace,
   dishonour *(3c)*

## 330–42 Penelope answers Eurymakhos: she rebukes him for his defective sense of hospitality and promises gifts for the beggar if he strings the bow.

Τὸν δ' αὖτε προσέειπε περίφρων Πηνελόπεια·                330
"Εὐρύμαχ', οὔ πως ἔστιν ἐϋκλείας κατὰ δῆμον
ἔμμεναι οἳ δὴ οἶκον ἀτιμάζοντες ἔδουσιν
ἀνδρὸς ἀριστῆος· τί δ' ἐλέγχεα ταῦτα τίθεσθε;
οὗτος δὲ ξεῖνος μάλα μὲν μέγας ἠδ' εὐπηγής,
πατρὸς δ' ἐξ ἀγαθοῦ γένος εὔχεται ἔμμεναι υἱός.        335
ἀλλ' ἄγε οἱ δότε τόξον ἐΰξοον, ὄφρα ἴδωμεν.
ὧδε γὰρ ἐξερέω, τὸ δὲ καὶ τετελεσμένον ἔσται·
εἴ κέ μιν ἐντανύσῃ, δώῃ δέ οἱ εὖχος Ἀπόλλων,
ἔσσω μιν χλαῖνάν τε χιτῶνά τε, εἵματα καλά,
δώσω δ' ὀξὺν ἄκοντα, κυνῶν ἀλκτῆρα καὶ ἀνδρῶν,        340
καὶ ξίφος ἄμφηκες· δώσω δ' ὑπὸ ποσσὶ πέδιλα,
πέμψω δ' ὅππῃ μιν κραδίη θυμός τε κελεύει."

331 ἔστιν = ἔξεστιν
   ἐϋκλεής ές of good
      report, famous
      *(acc. pl.* ἐϋκλείας *sc.*
      τούτους)
   οἶκος, ὁ patrimony,
      estate *(2a)*
   ἔδω eat up, devour,
      consume
   τίθεμαι assume, re-
      gard as

   εὐπηγής ές well-built,
      sturdy
335 γένος, τό race,
      descent *(3c)*
* εὔχομαι claim, boast
   of *(see 19.181–184,*
   *where Odysseus tells*
   *Penelope that his name*
   *is Aithon and he is a*
   *Cretan, grandson of*
   *King Minos, son of*

   *Deukalion and brother*
   *of Idomeneus, who*
   *fought for the Greeks at*
   *Troy)*
   ἐξερέω *( fut. of* ἐξεῖπον)
      will speak out
   τελέω accomplish
   εὖχος, τό object
      of prayer, what
      he prayed for
      *(3c)*

ἔννυμι ( *fut.* ἔσσω)
clothe in
χιτών (χιτων-), ὁ
tunic (3a)
340   ἄκων (ἀκοντ-), ὁ
javelin (3a)

ἀλκτήρ (ἀλκτηρ-),
ὁ protector
from (+gen.)
(3a)
ἀμφήκης ες two-
edged

ποσσί *dat. pl. of* πούς
πέδιλον, τό  sandal
(2b)
ὅππῃ  wherever,
whichever way
κραδίη, ἡ  heart (1b)

**343-58** *Telemakhos asserts his authority over the bow and orders
Penelope back to her rooms, where she cries herself to sleep.*

Τὴν δ' αὖ Τηλέμαχος πεπνυμένος ἀντίον ηὔδα·
"μῆτερ ἐμή, τόξον μὲν Ἀχαιῶν οὔ τις ἐμεῖο
κρείσσων, ᾧ κ' ἐθέλω, δόμεναί τε καὶ ἀρνήσασθαι,          345
οὔθ' ὅσσοι κραναὴν Ἰθάκην κάτα κοιρανέουσιν,
οὔθ' ὅσσοι νήσοισι πρὸς Ἤλιδος ἱπποβότοιο·
τῶν οὔ τίς μ' ἀέκοντα βιήσεται αἴ κ' ἐθέλωμι
καὶ καθάπαξ ξείνῳ δόμεναι τάδε τόξα φέρεσθαι.
ἀλλ' εἰς οἶκον ἰοῦσα τὰ σ' αὐτῆς ἔργα κόμιζε,          350
ἱστόν τ' ἠλακάτην τε, καὶ ἀμφιπόλοισι κέλευε
ἔργον ἐποίχεσθαι· τόξον δ' ἄνδρεσσι μελήσει
πᾶσι, μάλιστα δ' ἐμοί· τοῦ γὰρ κράτος ἔστ' ἐνὶ οἴκῳ."
    Ἡ μὲν θαμβήσασα πάλιν οἰκόνδε βεβήκει·
παιδὸς γὰρ μῦθον πεπνυμένον ἔνθετο θυμῷ.          355
ἐς δ' ὑπερῷ' ἀναβᾶσα σὺν ἀμφιπόλοισι γυναιξὶ
κλαῖεν ἔπειτ' Ὀδυσῆα, φίλον πόσιν, ὄφρα οἱ ὕπνον
ἡδὺν ἐπὶ βλεφάροισι βάλε γλαυκῶπις Ἀθήνη.

κλαῖεν ἔπειτ' Ὀδυσῆα, φίλον πόσιν

* πέπνυμαι  be wise
 (*part.* πεπνυμένος =
 wise)

345 κρείσσων = κρείττων
 stronger; (*here*) more
 authoritative to
 (+*inf.*)
 ἀρνέομαι  deny,
 refuse
 κρανάος ή όν  rocky,
 rugged
 κοιρανέω  rule
 πρός (+*gen.*)  towards,
 in the direction of

"Ηλις ('Ηλιδ-), ἡ  Elis
 (*area in the NW
 Peloponnese*) (3*a*)
 ἱππόβοτος ον  grazed
 by horses
 βιάομαι  force
 καθάπαξ  once and for
 all
 φέρομαι  carry off,
 take away
350 οἶκος, ὁ  room,
 women's quarters
 (2*a*) (*cf.* 354)
 σ' = σά (σός)

κομίζω  attend to
 ἱστός, ὁ  loom (2*a*)
 ἠλακάτη, ἡ  distaff,
 spindle (1*a*)
 ἐποίχομαι  ply, per-
 form
 τοῦ  *i.e.* ἐμοῦ
 κράτος, τό  power,
 authority (3*c*)
 θαμβέω  be astonished
356 ὑπερῷον, τό  upstairs
 apartment (2*b*)
 βλέφαρον, τό  eyelid
 (2*b*)

**359–79** Eumaios is taking the bow to Odysseus but stops in fear
 when the suitors threaten him. Telemakhos intervenes
 again. His threats to Eumaios cause the suitors mirth,
 allowing Eumaios to complete his task.

Αὐτὰρ ὁ τόξα λαβὼν φέρε καμπύλα δῖος ὑφορβός·
μνηστῆρες δ' ἄρα πάντες ὁμόκλεον ἐν μεγάροισιν·          360
ὧδε δέ τις εἴπεσκε νέων ὑπερηνορεόντων·
"πῇ δὴ καμπύλα τόξα φέρεις, ἀμέγαρτε συβῶτα,
πλαγκτέ; τάχ' αὖ σ' ἐφ' ὕεσσι κύνες ταχέες κατέδονται
οἶον ἀπ' ἀνθρώπων, οὓς ἔτρεφες, εἴ κεν Ἀπόλλων
ἡμῖν ἱλήκῃσι καὶ ἀθάνατοι θεοὶ ἄλλοι."                  365
   Ὣς φάσαν, αὐτὰρ ὁ θῆκε φέρων αὐτῇ ἐνὶ χώρῃ,
δείσας, οὕνεκα πολλοὶ ὁμόκλεον ἐν μεγάροισι.
Τηλέμαχος δ' ἑτέρωθεν ἀπειλήσας ἐγεγώνει·
"ἄττα, πρόσω φέρε τόξα· τάχ' οὐκ εὖ πᾶσι πιθήσεις·
μή σε καὶ ὁπλότερός περ ἐὼν ἀγρόνδε δίωμαι,                370
βάλλων χερμαδίοισι· βίηφι δὲ φέρτερός εἰμι.
αἲ γὰρ πάντων τόσσον, ὅσοι κατὰ δώματ' ἔασι,
μνηστήρων χερσίν τε βίηφί τε φέρτερος εἴην·
τῷ κε τάχα στυγερῶς τιν' ἐγὼ πέμψαιμι νέεσθαι
ἡμετέρου ἐξ οἴκου, ἐπεὶ κακὰ μηχανόωνται."              375
   Ὣς ἔφαθ', οἱ δ' ἄρα πάντες ἐπ' αὐτῷ ἡδὺ γέλασσαν
μνηστῆρες, καὶ δὴ μέθιεν χαλεποῖο χόλοιο
Τηλεμάχῳ· τὰ δὲ τόξα φέρων ἀνὰ δῶμα συβώτης
ἐν χείρεσσ' Ὀδυσῆϊ δαΐφρονι θῆκε παραστάς.

*καμπύλος η ον  curved
360 * ὁμοκλάω (3rd pl. impf.
ὁμόκλεον)  shout
to, threaten
* εἴπεσκε = εἶπε
* ὑπερηνορέων (ὑπερη-
νορεοντ-)  over-
bearing, arrogant
πῇ  (to) where (πῇ δή
where on earth)
ἀμέγαρτος ον  miser-
able, wretched
* συβώτης, ὁ  swine-
herd (1d)
πλαγκτός ή όν  trick-
ster or vagabond or
mad
ἐπί (+dat.)  among, in
charge of
* ὗς (ὑ-), ὁ, ἡ  pig (3h)
κατεσθίω (fut. κατέ-

δομαι)  eat up,
devour
365 ἱλήκω (ἱλάσκομαι)
be gracious
αὐτῇ ἐνὶ χώρῃ  in the
same place
οὕνεκα  because
ἑτέρωθεν  from the
other side, on his
part
ἀπειλέω  threaten
γέγωνα (perf.)  shout
ἄττα  voc. for addressing
fatherly older man: old
boy, old fellow
πρόσω  onwards
* πιθέω (fut. πιθήσω)
(+dat.)  obey: tr.
you will soon find
that you can't obey
everyone
370 μή  introducing threat:

take care that ...
not
ὁπλότερος α ον
younger
δίομαι  chase, drive
χερμάδιον, τό  stone
(2b)
* αἲ γάρ = εἰ γάρ  if only,
I wish that, would
that, may
τόσσον  so much
ἔασι = εἰσί
374 στυγερῶς  wretchedly
νέομαι  go
μέθιεν  3rd pl. impf. of
μεθίημι (+gen.)
cease from, give up
χαλεπός ή όν  hard,
harsh, bitter
χόλος, ὁ  anger (2a)
παρίστημι (intr.)  stand
beside

**380–403** *Eumaios tells Eurykleia to lock the doors of the hall and to
keep the women at work in their quarters. Eurykleia obeys
and Philoitios secures the courtyard doors with a rope.
Meanwhile Odysseus gives the bow a careful examination
which arouses the suitors' derision.*

ἐκ δὲ καλεσσάμενος προσέφη τροφὸν Εὐρύκλειαν·        380
"Τηλέμαχος κέλεταί σε, περίφρων Εὐρύκλεια,
κληῗσαι μεγάροιο θύρας πυκινῶς ἀραρυίας,
ἢν δέ τις ἢ στοναχῆς ἠὲ κτύπου ἔνδον ἀκούσῃ
ἀνδρῶν ἡμετέροισιν ἐν ἕρκεσι, μή τι θύραζε
προβλώσκειν, ἀλλ' αὐτοῦ ἀκὴν ἔμεναι παρὰ ἔργῳ."   385
Ὣς ἄρ' ἐφώνησεν, τῇ δ' ἄπτερος ἔπλετο μῦθος,
κλήϊσεν δὲ θύρας μεγάρων εὖ ναιεταόντων.
Σιγῇ δ' ἐξ οἴκοιο Φιλοίτιος ἆλτο θύραζε,
κλήϊσεν δ' ἄρ' ἔπειτα θύρας εὐερκέος αὐλῆς.
κεῖτο δ' ὑπ' αἰθούσῃ ὅπλον νεὸς ἀμφιελίσσης       390

βύβλινον, ᾧ ῥ' ἐπέδησε θύρας, ἐς δ' ἤϊεν αὐτός·
ἕζετ' ἔπειτ' ἐπὶ δίφρον ἰών, ἔνθεν περ ἀνέστη,
εἰσορόων Ὀδυσῆα. ὁ δ' ἤδη τόξον ἐνώμα
πάντη ἀναστρωφῶν, πειρώμενος ἔνθα καὶ ἔνθα,
μὴ κέρα ἶπες ἔδοιεν ἀποιχομένοιο ἄνακτος.                    395
ὧδε δέ τις εἴπεσκεν ἰδὼν ἐς πλησίον ἄλλον·
"ἦ τις θηητὴρ καὶ ἐπίκλοπος ἔπλετο τόξων.
ἦ ῥά νύ που τοιαῦτα καὶ αὐτῷ οἴκοθι κεῖται,
ἢ ὅ γ' ἐφορμᾶται ποιησέμεν, ὡς ἐνὶ χερσὶ
νωμᾷ ἔνθα καὶ ἔνθα κακῶν ἔμπαιος ἀλήτης."               400
    Ἄλλος δ' αὖ εἴπεσκε νέων ὑπερηνορεόντων·
"αἲ γὰρ δὴ τοσσοῦτον ὀνήσιος ἀντιάσειεν
ὡς οὗτός ποτε τοῦτο δυνήσεται ἐντανύσασθαι."

380  ἐκκαλέω  call out
  *τροφός, ἡ  nurse (2a)
  Εὐρύκλεια, ἡ  Eury-
    kleia, Odysseus' old
    nurse (1b)
  382–5: cf. 236–9
386  ἄπτερος ον  without
    wings, not uttered,
    i.e. either she said
    nothing, or his words
    sank into her
  *πέλομαι (3rd s. impf.
    ἔπλετο) be
  ναιετάω  be situated
  σιγή, ἡ  silence (1a)
  ἄλλομαι (3rd s. aor.
    ἆλτο) leap
  εὐερκής ές  well-
    fenced
390  αἴθουσα, ἡ  portico
    (1c)
  ὅπλον, τό  rope (2b)
  νεός = νεώς gen. s. of
    ναῦς
  ἀμφιέλισσα (adj. fem.

    only, of ships) curved
    at both ends
  βύβλινος η ον  made of
    papyrus
  πεδάω  bind, make
    fast
  ἐς ... ἤϊεν  3rd s. impf.
    of εἰσέρχομαι
  392: cf. 243
  *πάντη  every way, on
    every side
  ἀναστρωφάω  turn
395  κέρας, τό (acc. pl. κέρα)
    horn (3)
  ἴψ (ἰπ-), ὁ  worm (3a)
  ἔδω  consume
  ἀποίχομαι  be gone,
    be away
  πλησίος, ὁ  neighbour
    (2a)
  θηητήρ (θηητηρ-), ὁ
    admirer, connoisseur
    (3a)
  ἐπίκλοπος ον  wily,
    cunning in (+gen.)

  τοιαῦτα  i.e. bows like
    this
  οἴκοθι  at home
  ἐφορμάομαι  be eager,
    desire
  ποιησέμεν (fut. infin.)
    to make (himself
    one)
400  ἔμπαιος ον (+gen.)
    knowing, practised
    in
  ἀλήτης, ὁ  wanderer,
    vagabond (1d)
  ὄνησις, ἡ  profit, ad-
    vantage, success
    (3e)
  ἀντιάω  meet with,
    enjoy
  402–3: heavily ironic; tr.
    if only he may enjoy
    as much (of) success
    as his ability (lit. he
    will be able) ever to
    string this (bow)

**404–34**    *Odysseus strings the bow with ease, making the string sound like the song of a swallow. The suitors turn pale and Zeus sends a favourable omen, to the delight of Odysseus. From his seat he shoots through the axes successfully and, saying that the time is right for dinner, he nods to Telemakhos, who arms himself and joins his father.*

Ὣς ἄρ᾽ ἔφαν μνηστῆρες· ἀτὰρ πολύμητις Ὀδυσσεύς,
αὐτίκ᾽ ἐπεὶ μέγα τόξον ἐβάστασε καὶ ἴδε πάντῃ,          405
ὡς ὅτ᾽ ἀνὴρ φόρμιγγος ἐπιστάμενος καὶ ἀοιδῆς

ἀνὴρ φόρμιγγος ἐπιστάμενος καὶ ἀοιδῆς

ῥηϊδίως ἐτάνυσσε νέῳ περὶ κόλλοπι χορδήν,
ἅψας ἀμφοτέρωθεν ἐϋστρεφὲς ἔντερον οἰός,
ὣς ἄρ᾽ ἄτερ σπουδῆς τάνυσεν μέγα τόξον Ὀδυσσεύς.
δεξιτερῇ δ᾽ ἄρα χειρὶ λαβὼν πειρήσατο νευρῆς·          410
ἡ δ᾽ ὑπὸ καλὸν ἄεισε, χελιδόνι εἰκέλη αὐδήν.

Ζεὺς δὲ μεγάλ' ἔκτυπε σήματα φαίνων

μνηστῆρσιν δ' ἄρ' ἄχος γένετο μέγα, πᾶσι δ' ἄρα χρὼς
ἐτράπετο. Ζεὺς δὲ μεγάλ' ἔκτυπε σήματα φαίνων·
γήθησέν τ' ἄρ' ἔπειτα πολύτλας δῖος Ὀδυσσεύς,
ὅττι ῥά οἱ τέρας ἧκε Κρόνου πάϊς ἀγκυλομήτεω·      415
εἵλετο δ' ὠκὺν ὀϊστόν, ὅ οἱ παρέκειτο τραπέζῃ
γυμνός· τοὶ δ' ἄλλοι κοίλης ἔντοσθε φαρέτρης
κείατο, τῶν τάχ' ἔμελλον Ἀχαιοὶ πειρήσεσθαι.
τόν ῥ' ἐπὶ πήχει ἑλὼν ἕλκεν νευρὴν γλυφίδας τε,
αὐτόθεν ἐκ δίφροιο καθήμενος, ἧκε δ' ὀϊστὸν      420
ἄντα τιτυσκόμενος, πελέκεων δ' οὐκ ἤμβροτε πάντων
πρώτης στειλειῆς, διὰ δ' ἀμπερὲς ἦλθε θύραζε
ἰὸς χαλκοβαρής· ὁ δὲ Τηλέμαχον προσέειπε·
"Τηλέμαχ', οὔ σ' ὁ ξεῖνος ἐνὶ μεγάροισιν ἐλέγχει
ἥμενος, οὐδέ τι τοῦ σκοποῦ ἤμβροτον οὐδέ τι τόξον      425
δὴν ἔκαμον τανύων· ἔτι μοι μένος ἔμπεδόν ἐστιν,
οὐχ ὥς με μνηστῆρες ἀτιμάζοντες ὄνονται.

νῦν δ' ὥρη καὶ δόρπον Ἀχαιοῖσιν τετυκέσθαι
ἐν φάει, αὐτὰρ ἔπειτα καὶ ἄλλως ἑψιάασθαι
μολπῇ καὶ φόρμιγγι· τὰ γάρ τ' ἀναθήματα δαιτός."     430
Ἦ καὶ ἐπ' ὀφρύσι νεῦσεν· ὁ δ' ἀμφέθετο ξίφος ὀξὺ
Τηλέμαχος, φίλος υἱὸς Ὀδυσσῆος θείοιο,
ἀμφὶ δὲ χεῖρα φίλην βάλεν ἔγχεϊ, ἄγχι δ' ἄρ' αὐτοῦ
πὰρ θρόνον ἑστήκει κεκορυθμένος αἴθοπι χαλκῷ.

ἔφαν = ἔφασαν 3rd pl.
  aor. of φημί
405 βαστάζω lift up
* φόρμιγξ (φορμιγγ-), ἡ
  lyre (3a)
  ἐπιστάμενος skilled
  in (+gen.)
  ἀοιδή, ἡ art of singing
  (1a)
  κόλλοψ (κολλοπ-), ὁ
  leather strap (round
  which the lyre-strings
  were wrapped:
  adjustment of the
  strap raised or
  lowered the pitch)
  (3a)
  χορδή, ἡ string (of a
  lyre) (1a)
  ἅψας aor. part. of
  ἅπτω
  ἀμφοτέρωθεν from
  (or on) both ends
  ἐϋστρεφής ές well-
  twisted
  ἔντερον, τό gut (2b)
  ὄϊς, ὁ, ἡ (gen. s. οἰός)
  sheep (3)
  ἄτερ (+gen.) without
  σπουδή, ἡ haste,
  trouble, effort (1a)
410 δεξιτερός ά όν right
  ὑπό ... ἄεισε 3rd s.
  aor. of ὑπάδω sing
  under (his hand) or at
  (his touch)

χελιδών (χελιδον-), ἡ
  swallow (3a)
εἴκελος η ον like
αὐδή, ἡ voice, sound
  (1a) (here, acc. of
  respect)
χρώς (χρωτ-), ὁ skin,
  colour of the skin
  (3a)
τρέπω (aor. mid. ἐτρα-
  πόμην) turn,
  change
κτυπέω thunder
γηθέω rejoice
πολύτλας much-
  enduring (epithet
  of Odysseus)
415 ὅττι = ὅτι
τέρας, τό sign, por-
  tent (3)
ἵημι (aor. ἧκα) send
Κρόνος, ὁ Kronos,
  father of Zeus (2a)
ἀγκυλομήτης of
  crooked counsel
  (epithet of Kronos)
ὅ (rel. pron.) which
γυμνός ή όν naked,
  out of the quiver
κοῖλος η ον hollow
ἔντοσθε (+gen.) inside
ἐπί (+dat.) at, on,
  against
πῆχυς, ὁ hand-grip or
  bridge (of a bow)
  (3e)

ἑλών (aor. part. of
  αἱρέω) tr. taking
  and putting
γλυφίς (γλυφιδ-), ἡ
  notched end (of
  an arrow) (3a)
420 αὐτόθεν from the very
  spot, straight from
ἄντα straight
τιτύσκομαι aim
* ἁμαρτάνω (aor. ἤμβρο-
  τον) make a mis-
  take, err; miss
  (+gen.)
πρώτης στειλειῆς lit.
  the first handle (gen.
  after ἤμβροτε); mean-
  ing much disputed:
  perhaps tip of the
  handle i.e. through the
  rings attached to the
  handles, or top of the
  handle, i.e. where the
  handle fitted through
  the axe-head (see illus-
  tration on p. 22)
διά ... ἀμπερές =
  διαμπερές right
  through
* ἰός, ὁ arrow (2a)
χαλκοβαρής ές heavy
  with bronze,
  (tipped) with heavy
  bronze
ἐλέγχω disgrace,
  bring shame upon

425 σκοπός, ὁ  mark, tar-
  get (2a)
δήν  for a long time
κάμνω (aor. ἔκαμον)
  grow weary, strain
  over
μένος, τό  might,
  strength (3c)
ἔμπεδος ον  steadfast
ὄνομαι  blame, treat
  scornfully
ὥρη, ἡ  time (1b)
δόρπον, τό  evening
  meal (2b)

τετυκέσθαι  aor. inf.
  mid. of τεύχω
φάος, τό  light (3c)
ἐψιάομαι  amuse one-
  self
430 μολπή, ἡ  singing and
  dancing (1a)
ἀνάθημα (ἀναθη- ματ-),
  τό  delight (3b)
ὀφρύς (ὀφρυ-), ἡ  eye-
  brow (3h)
ἐπί ... νεύω  nod
  to, signal with a
  nod

ἀμφιτίθημι  put
  round, put on
ἀμφιβάλλω  put
  round, grasp
* ἄγχι (+gen.)  near
ἑστήκει  3rd s. plup. of
  ἵστημι (intr.) stand
κορύσσω (perf. pass.
  part. κεκορυθμένος η
  ον)  fit out, equip,
  arm
αἴθοψ (αἴθοπ-)  flash-
  ing

ἐκλίνθη δ' ἑτέρωσε, δέπας δέ οἱ ἔκπεσε χειρὸς

**I–14** *Odysseus removes his rags and prepares to kill the suitors.*
*Antinoos, unaware of his imminent death, is the first target.*

Αὐτὰρ ὁ γυμνώθη ῥακέων πολύμητις Ὀδυσσεύς,
ἆλτο δ' ἐπὶ μέγαν οὐδόν, ἔχων βιὸν ἠδὲ φαρέτρην
ἰῶν ἐμπλείην, ταχέας δ' ἐκχεύατ' ὀϊστοὺς
αὐτοῦ πρόσθε ποδῶν, μετὰ δὲ μνηστῆρσιν ἔειπεν·
"οὗτος μὲν δὴ ἄεθλος ἀάατος ἐκτετέλεσται·           5
νῦν αὖτε σκοπὸν ἄλλον, ὃν οὔ πώ τις βάλεν ἀνήρ,
εἴσομαι, αἴ κε τύχωμι, πόρῃ δέ μοι εὖχος Ἀπόλλων."
Ἦ καὶ ἐπ' Ἀντινόῳ ἰθύνετο πικρὸν ὀϊστόν.
ἦ τοι ὁ καλὸν ἄλεισον ἀναιρήσεσθαι ἔμελλε,
χρύσεον ἄμφωτον, καὶ δὴ μετὰ χερσὶν ἐνώμα,           10
ὄφρα πίοι οἴνοιο· φόνος δέ οἱ οὐκ ἐνὶ θυμῷ
μέμβλετο· τίς κ' οἴοιτο μετ' ἀνδράσι δαιτυμόνεσσι
μοῦνον ἐνὶ πλεόνεσσι, καὶ εἰ μάλα καρτερὸς εἴη,
οἳ τεύξειν θάνατόν τε κακὸν καὶ κῆρα μέλαιναν;

καλὸν ἄλεισον ... χρύσεον ἄμφωτον

γυμνόομαι strip one-
self of (+gen.)
ῥάκος, τό ragged gar-
ment, (pl.) rags (3c)
ἅλλομαι (3rd s. aor.
ἅλτο) leap
ἔμπλειος η ον quite
full of (+gen.)
ταχύς εῖα ύ swift
ἐκχέω (aor. mid. ἐκχε-
νάμην) pour out
πρόσθε = πρόσθεν be-
fore, in front of
(+gen.)
μὲν δή indeed, in
truth
5 ἄεθλος, ὁ contest (2a)
ἀάατος ον terrible,
harmful or easy (both
meanings possible)

σκοπός, ὁ mark,
target (2a) (acc. of
respect, i.e. with
regard to another
target)
εἴσομαι (fut. of οἶδα) I
shall know
τυγχάνω (1st s. aor. subj.
τύχωμι) hit the
target
πόρῃ 3rd s. aor. subj.
from ἔπορον give,
grant
εὖχος, τό object of
prayer, what I pray
for (3c)
ἰθύνομαι aim straight
at
* πικρός ά όν pointed,
sharp, bitter

ἦ τοι in truth, actually
ἄλεισον, τό cup (2b)
10 ἄμφωτος ον two-
eared, two-handled
μέμβλετο 3rd s. plup.
pass. of μέλω (with
impf. sense) was a
concern, worried
δαιτυμών (δαιτυ- μον-),
ὁ guest, someone
who is feasting (3a)
* μοῦνος = μόνος
* πλέων = πλείων ον
more
καρτερός ά όν strong
οἷ to him (referring to
τίς) or to himself
(referring to μοῦνον)
* κήρ (κηρ-), ἡ doom,
death (3a)

**15–33** *Antinoos is shot through the neck. The rest of the suitors are
shocked and angry but fail to realise the truth of the
situation.*

τὸν δ' Ὀδυσεὺς κατὰ λαιμὸν ἐπισχόμενος βάλεν ἰῷ,    15
ἀντικρὺ δ' ἁπαλοῖο δι' αὐχένος ἤλυθ' ἀκωκή.
ἐκλίνθη δ' ἑτέρωσε, δέπας δέ οἱ ἔκπεσε χειρὸς
βλημένου, αὐτίκα δ' αὐλὸς ἀνὰ ῥῖνας παχὺς ἦλθεν

αἵματος ἀνδρομέοιο· θοῶς δ' ἀπὸ εἷο τράπεζαν
ὦσε ποδὶ πλήξας, ἀπὸ δ' εἴδατα χεῦεν ἔραζε·          20
σῖτός τε κρέα τ' ὀπτὰ φορύνετο. τοὶ δ' ὁμάδησαν
μνηστῆρες κατὰ δώμαθ', ὅπως ἴδον ἄνδρα πεσόντα,
ἐκ δὲ θρόνων ἀνόρουσαν ὀρινθέντες κατὰ δῶμα,
πάντοσε παπταίνοντες ἐϋδμήτους ποτὶ τοίχους·
οὐδέ που ἀσπὶς ἔην οὐδ' ἄλκιμον ἔγχος ἑλέσθαι.          25
νείκειον δ' Ὀδυσῆα χολωτοῖσιν ἐπέεσσι·
"ξεῖνε, κακῶς ἀνδρῶν τοξάζεαι· οὐκέτ' ἀέθλων
ἄλλων ἀντιάσεις· νῦν τοι σῶς αἰπὺς ὄλεθρος.
καὶ γὰρ δὴ νῦν φῶτα κατέκτανες ὃς μέγ' ἄριστος
κούρων εἰν Ἰθάκῃ· τῷ σ' ἐνθάδε γῦπες ἔδονται."          30
Ἴσκεν ἕκαστος ἀνήρ, ἐπεὶ ἦ φάσαν οὐκ ἐθέλοντα
ἄνδρα κατακτεῖναι· τὸ δὲ νήπιοι οὐκ ἐνόησαν,
ὡς δή σφιν καὶ πᾶσιν ὀλέθρου πείρατ' ἐφῆπτο.

15 λαιμός, ὁ throat (2a)
ἐπέχω aim at, attack
   (*cf.* 'have at')
ἀντικρύ straight on,
   right (on)
ἀπαλός ή όν soft,
   tender
αὐχήν (αὐχεν-), ὁ
   neck, throat (3a)
ἀκωκή, ἡ point (1a)
κλίνομαι (aor. ἐκλί-
   νθην) lean
ἑτέρωσε to one side
ἐκπίπτω (ἐκπεσ-) fall
   out of, fall from
βλήμενος η ον aor.
   pass. part. of βάλλω,
   here gen. abs.: when
   he was hit
αὐλός, ὁ pipe, (here)
   jet, stream (2a)
παχύς εἶα ύ thick,
   stout, massive
* αἷμα (αἱματ-), τό
   blood (3b)
ἀνδρόμεος α ον
   human

20 ὦσε 3rd s. aor. of ὠθέω
πλήσσω strike
* ἀποχέω (3rd s. aor. ἀπό
   ... χεῦεν) pour
   out, spill
εἶδαρ (εἰδατ-), τό
   food (3b)
* ἔραζε to earth, to the
   ground
κρέας (pl. κρέα), τό
   flesh, meat (3)
ὀπτός ή όν roasted
φορύνω defile, spoil
ὁμαδέω make a din
ὅπως when
ἀνορούω start up, leap
   up
ὀρίνομαι be roused,
   frightened, shocked
πάντοσε in all direc-
   tions
παπταίνω look round
   (with a searching
   glance)
ἐϋδμητος ον well-
   built
* ποτί = πρός

τοῖχος, ὁ wall (2a)
25 ἀσπίς (ἀσπιδ-), ἡ
   shield (3a)
ἔην 3rd s. impf. of εἰμί
νεικείω = νεικέω
   rebuke
χολωτός ή όν angry
κακῶς to your harm
* τοξάζομαι (+gen.)
   shoot with a bow
   (at)
ἀντιάω (+gen.) go in
   quest of
σῶς ὦν (irr. adj.) safe,
   sure, certain
* αἰπύς εἶα ύ sheer,
   utter
* ὄλεθρος, ὁ ruin, death,
   destruction (2a)
κατακτείνω (aor. 2
   κατέκτανον) kill
μέγα by far
30 κοῦρος, ὁ boy, young
   man (2a)
εἰν = ἐν
γύψ (γυπ-), ὁ vulture
   (3a)

ἴσκω  guess, imagine
φάσαν  they said (to
themselves), they
persuaded them-
selves

τό  this, namely that
(ὡς)
σφιν καὶ πᾶσιν  to one
and all
πεῖραρ (πειρατ-), τό

end, achievement,
means (3b)
ἐφάπτω (3rd s. plup.
pass. ἐφῆπτο)  bind
to, fix

**34-59** *Odysseus reveals his identity. The suitors are gripped with fear, but Eurymakhos tries to lay the blame for all the suitors' misdeeds on Antinoos and offers Odysseus compensation.*

τοὺς δ' ἄρ' ὑπόδρα ἰδὼν προσέφη πολύμητις Ὀδυσσεύς·
"ὦ κύνες, οὔ μ' ἔτ' ἐφάσκεθ' ὑπότροπον οἴκαδ' ἱκέσθαι          35
δήμου ἄπο Τρώων, ὅτι μοι κατεκείρετε οἶκον,
δμωῇσιν δὲ γυναιξὶ παρευνάζεσθε βιαίως,
αὐτοῦ τε ζώοντος ὑπεμνάασθε γυναῖκα,
οὔτε θεοὺς δείσαντες, οἳ οὐρανὸν εὐρὺν ἔχουσιν,
οὔτε τιν' ἀνθρώπων νέμεσιν κατόπισθεν ἔσεσθαι·          40
νῦν ὑμῖν καὶ πᾶσιν ὀλέθρου πείρατ' ἐφῆπται."
   Ὡς φάτο, τοὺς δ' ἄρα πάντας ὑπὸ χλωρὸν δέος εἷλε·
πάπτηνεν δὲ ἕκαστος ὅπῃ φύγοι αἰπὺν ὄλεθρον·
Εὐρύμαχος δέ μιν οἶος ἀμειβόμενος προσέειπεν·
"εἰ μὲν δὴ Ὀδυσεὺς Ἰθακήσιος εἰλήλουθας,          45
ταῦτα μὲν αἴσιμα εἶπας, ὅσα ῥέζεσκον Ἀχαιοί,
πολλὰ μὲν ἐν μεγάροισιν ἀτάσθαλα, πολλὰ δ' ἐπ' ἀγροῦ.
ἀλλ' ὁ μὲν ἤδη κεῖται ὃς αἴτιος ἔπλετο πάντων,
Ἀντίνοος· οὗτος γὰρ ἐπίηλεν τάδε ἔργα,
οὔ τι γάμου τόσσον κεχρημένος οὐδὲ χατίζων,          50
ἀλλ' ἄλλα φρονέων, τά οἱ οὐκ ἐτέλεσσε Κρονίων,
ὄφρ' Ἰθάκης κατὰ δῆμον ἐϋκτιμένης βασιλεύοι
αὐτός, ἀτὰρ σὸν παῖδα κατακτείνειε λοχήσας.
νῦν δ' ὁ μὲν ἐν μοίρῃ πέφαται, σὺ δὲ φείδεο λαῶν
σῶν· ἀτὰρ ἄμμες ὄπισθεν ἀρεσσάμενοι κατὰ δῆμον,          55
ὅσσα τοι ἐκπέποται καὶ ἐδήδοται ἐν μεγάροισι,
τιμὴν ἀμφὶς ἄγοντες ἐεικοσάβοιον ἕκαστος,
χαλκόν τε χρυσόν τ' ἀποδώσομεν, εἰς ὅ κε σὸν κῆρ
ἰανθῇ· πρὶν δ' οὔ τι νεμεσσητὸν κεχολῶσθαι."

Ἰθάκη ... ἐϋκτιμένη

*ὑπόδρα askance,
    grimly
35 φάσκω say, think, ex-
    pect
    ὑπότροπος ον return-
    ing
*δῆμος, ὁ land, district,
    people (2a)
    ὅτι since
    κατακείρω shear, lay
    waste
    δμωή, ἡ female slave
    (1a)
    παρευνάζομαι lie
    beside
    βιαίως forcibly
    αὐτοῦ i.e. ἐμοῦ αὐτοῦ
    ὑπομνάομαι woo sur-
    reptitiously, court by
    stealth
40 νέμεσις, ἡ retribution,
    vengeance (3e)
*κατόπισθε(ν) after-
    wards, behind
    41: see 33

χλωρός ά όν pale
    green, pale
δέος, τό fear (3c)
ὑφαιρέω (aor. ὑπο ...
    εἷλον = ὑφεῖλον)
    seize inwardly
παπταίνω (aor. ἐπάπ-
    τηνα) look around
    for
ὅπῃ in what direction,
    in what manner
45 Ἰθακήσιος, ὁ Ithakan
    (2a)
    εἰλήλουθας 2nd pers. s.
    perf. of ἔρχομαι
    αἴσιμος ον sensible,
    fitting
*ῥέζω do, act, accom-
    plish, make sacrifice
    ἀτάσθαλος ον reck-
    less, wicked
    ἐπιάλλω (aor. ἐπίηλα)
    send upon, bring to
    pass
50 τόσσον so much

χράομαι (perf. κέχρημαι
    with pres. sense)
    desire (+gen.)
χατίζω have need of,
    crave (+gen.)
*τελέω (aor. ἐτέλεσσα)
    fulfil, accomplish,
    bring about
Κρονίων (Κρονιων-), ὁ
    son of Kronos (i.e.
    Zeus) (3a)
ἐϋκτίμενος η ον good
    to live in
λοχάω lie in wait for,
    waylay
ἐν μοίρῃ deservedly
πέφαται 3rd s. perf.
    pass. of ἔπεφνον (no
    pres.) killed, slew
φείδομαι spare (+gen.)
55 ἄμμες = ἡμεῖς
*ὄπισθε(ν) behind,
    later, in the future
ἀρέσκω (aor. mid. part.
    ἀρεσσάμενος η ον)

| | | |
|---|---|---|
| make amends, give compensation | ἀμφίς separately, on his own account | πρίν before, until then |
| ἐκπίνω (*3rd s. perf. pass.* ἐκπέποται) drink off, drink up | ἐεικοσάβοιος ον - worth 20 oxen | νεμεσσητός ή όν causing indignation, worthy of indig- |
| ἐδήδοται *3rd s. perf. pass. of* ἐσθίω | εἰς ὅ until κῆρ (κηρ-), τό heart (*3b*) | nation |
| τιμή, ἡ compensation (*1a*) | ἰαίνω (*aor. pass.* ἰά- νθην) warm, cheer | *χολόομαι (perf. κεχο- λώμαι) be angered, be angry |

**60–88** *Odysseus' reply is uncompromising. Eurymakhos urges the suitors to fight. He rushes into the attack alone and is killed by Odysseus.*

Τὸν δ' ἄρ' ὑπόδρα ἰδὼν προσέφη πολύμητις Ὀδυσσεύς·
"Εὐρύμαχ', οὐδ' εἴ μοι πατρώϊα πάντ' ἀποδοῖτε,            61
ὅσσα τε νῦν ὕμμ' ἐστὶ καὶ εἴ ποθεν ἄλλ' ἐπιθεῖτε,
οὐδέ κεν ὣς ἔτι χεῖρας ἐμὰς λήξαιμι φόνοιο
πρὶν πᾶσαν μνηστῆρας ὑπερβασίην ἀποτῖσαι.
νῦν ὑμῖν παράκειται ἐναντίον ἠὲ μάχεσθαι            65
ἢ φεύγειν, ὅς κεν θάνατον καὶ κῆρας ἀλύξῃ·
ἀλλά τιν' οὐ φεύξεσθαι ὀΐομαι αἰπὺν ὄλεθρον."

    Ὣς φάτο, τῶν δ' αὐτοῦ λύτο γούνατα καὶ φίλον ἦτορ.
τοῖσιν δ' Εὐρύμαχος μετεφώνεε δεύτερον αὖτις·
"ὦ φίλοι, οὐ γὰρ σχήσει ἀνὴρ ὅδε χεῖρας ἀάπτους,            70
ἀλλ' ἐπεὶ ἔλλαβε τόξον ἐΰξοον ἠδὲ φαρέτρην,
οὐδοῦ ἄπο ξεστοῦ τοξάσσεται, εἰς ὅ κε πάντας
ἄμμε κατακτείνῃ· ἀλλὰ μνησώμεθα χάρμης.
φάσγανά τε σπάσσασθε καὶ ἀντίσχεσθε τραπέζας
ἰῶν ὠκυμόρων· ἐπὶ δ' αὐτῷ πάντες ἔχωμεν            75
ἀθρόοι, εἴ κέ μιν οὐδοῦ ἀπώσομεν ἠδὲ θυράων,
ἔλθωμεν δ' ἀνὰ ἄστυ, βοὴ δ' ὤκιστα γένοιτο·
τῷ κε τάχ' οὗτος ἀνὴρ νῦν ὕστατα τοξάσσαιτο."

    Ὣς ἄρα φωνήσας εἰρύσσατο φάσγανον ὀξύ,
χάλκεον, ἀμφοτέρωθεν ἀκαχμένον, ἆλτο δ' ἐπ' αὐτῷ            80
σμερδαλέα ἰάχων· ὁ δ' ἁμαρτῇ δῖος Ὀδυσσεὺς
ἰὸν ἀποπροΐει, βάλε δὲ στῆθος παρὰ μαζόν,
ἐν δέ οἱ ἥπατι πῆξε θοὸν βέλος· ἐκ δ' ἄρα χειρὸς
φάσγανον ἧκε χαμᾶζε, περιρρηδὴς δὲ τραπέζῃ

ἀντίσχεσθε τραπέζας ἰὼν ὠκυμόρων

κάππεσεν ἰδνωθείς, ἀπὸ δ᾽ εἴδατα χεῦεν ἔραζε          85
καὶ δέπας ἀμφικύπελλον· ὁ δὲ χθόνα τύπτε μετώπῳ
θυμῷ ἀνιάζων, ποσὶ δὲ θρόνον ἀμφοτέροισι
λακτίζων ἐτίνασσε· κατ᾽ ὀφθαλμῶν δ᾽ ἔχυτ᾽ ἀχλύς.

62  ὔμμ(ι) = ὑμῖν
    ποθεν  from elsewhere
    οὐδέ ... ὥς  even so
    ... not
    λήγω  make X (acc.)
    cease from Y (gen.)
  * ὑπερβασίη, ἡ  trans-
    gression (1b)
  * ἀποτίνω  pay back;
    pay for

65  παράκειμαι  lie beside,
    be available; tr. the
    choice is before
    you ...
    ἐναντίον  face to face
    ἀλύσκω  flee from,
    escape
    αὐτοῦ  (here) there and
    then
    λύτο  3rd s. aor. pass. of

    λύω  became weak
    ἦτορ, τό (only in nom.
    and acc.)  heart (3)
    δεύτερον αὖτις  a sec-
    ond time
70  σχήσω  fut. of ἔχω re-
    strain
    ἄαπτος ον  invincible
    ἔλλαβε = ἔλαβε  aor. of
    λαμβάνω

ξεστός ή όν planed, smooth

εἰς ὅ until

μνησώμεθα aor. subj. of μιμνήσκομαι pay heed to, turn one's mind to (+gen.)

χάρμη, ή joy of battle, battle (1a)

*φάσγανον, τό sword (2b)

σπάσσασθε aor. mid. imper. of σπάω draw

ἀντίσχομαι hold out X (acc.) against Y (gen.)

75 ὠκύμορος ον bringing sudden death

ἐπί ... ἔχωμεν aor. subj. of ἐπέχω attack (+dat.)

ἀθρόος α ον together, in a body

ἀπώσομεν aor. subj. of ἀπωθέω push back from

*ὤκιστα most quickly

ὕστατα for the last time

*εἰρύομαι = ἐρύομαι draw

80 *χάλκεος α ον = χαλκοῦς ἦ οὖν made of bronze

ἀμφοτέρωθεν on both sides

ἀκαχμένος η ον sharpedged

ἆλτο 3rd s. aor. of ἅλλομαι leap

σμερδαλέα terribly

ἰάχω shout

ἁμαρτῇ at the same time

ἀποπροίημι shoot

μαζός, ὁ breast (2a)

ἧπαρ (ἤπατ-), τό liver (3b)

πήγνυμι (aor. ἔπηξα) fix, stick in

θοός ή όν swift

ἵημι (aor. ἧκα) let fall, drop, sc. Eurymakhos as the subject

περιρρηδής ές sprawling over

85 κάππεσεν = κατέπεσεν aor. of καταπίπτω fall down

ἰδνόομαι bend oneself double (aor. part. ἰδνωθείς doubled up)

εἶδαρ (εἰδατ-), τό food (3b)

ἀμφικύπελλος ον double or twohandled

*χθών (χθον-), ή earth, ground (3a)

*μέτωπον, τό forehead (2b)

ἀνιάζω be distressed

λακτίζω kick

τινάσσω shake, upset

κατά (+gen.) over

ἔχυντ(ο) aor. pass. of χέω pour, shed

ἀχλύς (ἀχλυ-), ή mist (3h)

---

**89–115** *Amphinomos is the next to rush upon Odysseus. Telemakhos, from his position beside Odysseus' chair, fells him with a spear. After joining Odysseus on the threshold, Telemakhos fetches arms from the storeroom.*

Ἀμφίνομος δ' Ὀδυσῆος ἐείσατο κυδαλίμοιο
ἀντίος ἀΐξας, εἴρυτο δὲ φάσγανον ὀξύ,          90
εἴ πώς οἱ εἴξειε θυράων. ἀλλ' ἄρα μιν φθῆ
Τηλέμαχος κατόπισθε βαλὼν χαλκήρεϊ δουρὶ
ὤμων μεσσηγύς, διὰ δὲ στήθεσφιν ἔλασσε·
δούπησεν δὲ πεσών, χθόνα δ' ἤλασε παντὶ μετώπῳ.
Τηλέμαχος δ' ἀπόρουσε, λιπὼν δολιχόσκιον ἔγχος          95
αὐτοῦ ἐν Ἀμφινόμῳ· περὶ γὰρ δίε μή τις Ἀχαιῶν
ἔγχος ἀνελκόμενον δολιχόσκιον ἢ ἐλάσειε

φασγάνῳ ἀΐξας ἠὲ προπρηνέα τύψας.
βῆ δὲ θέειν, μάλα δ' ὦκα φίλον πατέρ' εἰσαφίκανεν,
ἀγχοῦ δ' ἱστάμενος ἔπεα πτερόεντα προσηύδα·        100
"ὦ πάτερ, ἤδη τοι σάκος οἴσω καὶ δύο δοῦρε
καὶ κυνέην πάγχαλκον, ἐπὶ κροτάφοις ἀραρυῖαν,
αὐτός τ' ἀμφιβαλεῦμαι ἰών, δώσω δὲ συβώτῃ
καὶ τῷ βουκόλῳ ἄλλα· τετευχῆσθαι γὰρ ἄμεινον."
   Τὸν δ' ἀπαμειβόμενος προσέφη πολύμητις Ὀδυσσεύς·
"οἶσε θέων, ἧός μοι ἀμύνεσθαι πάρ' ὀϊστοί,        106

ἀμύνεσθαι πάρ' ὀϊστοί

μή μ' ἀποκινήσωσι θυράων μοῦνον ἐόντα."
   Ὣς φάτο, Τηλέμαχος δὲ φίλῳ ἐπεπείθετο πατρί,
βῆ δ' ἴμεναι θάλαμόνδ', ὅθι οἱ κλυτὰ τεύχεα κεῖτο.
ἔνθεν τέσσαρα μὲν σάκε' ἔξελε, δούρατα δ' ὀκτὼ        110
καὶ πίσυρας κυνέας χαλκήρεας ἱπποδασείας·
βῆ δὲ φέρων, μάλα δ' ὦκα φίλον πατέρ' εἰσαφίκανεν,
αὐτὸς δὲ πρώτιστα περὶ χροῒ δύσετο χαλκόν·
ὣς δ' αὔτως τὼ δμῶε δυέσθην τεύχεα καλά,
ἔσταν δ' ἀμφ' Ὀδυσῆα δαΐφρονα ποικιλομήτην.        115

| | | |
|---|---|---|
| Ἀμφίνομος, ὁ Amphi- nomos, a suitor (*2a*) ἐείσατο 3rd s. aor. of εἶμι (*perhaps rushed at*) (+*gen.*) | κυδάλιμος ον glorious, renowned 90 ἀντίος α ον (+*gen.*) against, to meet *ἀΐσσω rush, spring | εἴκω give way, give up (one's place): *the subject is Odysseus* φθῆ 3rd s. aor. of φθάνω anticipate X |

(acc.) by -ing (nom. part.)

*χαλκήρης ες armed or tipped with bronze

*δόρυ (δουρατ- or δουρ-), τό spear (3b)

μεσσηγύς (+gen.) between

στήθεσφιν gen. pl. of στῆθος

*ἐλαύνω (aor. ἤλασα, ἔλασα or ἔλασσα) drive, strike

δουπέω (aor. δούπησα) sound heavy, thud

95 ἀπορούω spring back

δολιχόσκιος ον casting a long shadow, long-shadowing: cf. 97

περί ... δίε 3rd s. impf. of περιδίω be very afraid

Ἀχαιός, ὁ Akhaian, Greek (2a)

ἀνέλκω pull out

προπρηνής ές with face downwards,

bending down

εἰσαφικάνω come to, arrive at

100 ἀγχοῦ near

*πτερόεις εσσα εν winged

*σάκος, τό shield (3c)

οἴσω fut. of φέρω

δοῦρε dual form from δόρυ

*κυνέη, ἡ helmet (1b)

πάγχαλκος ον all of bronze

κροτάφοι, οἱ temples (2a)

*ἀραρώς υῖα ός closely fitting

ἀμφιβάλλω (fut. mid. ἀμφιβαλεῦμαι) put on, sc. armour

τετευχῆσθαι perf. inf. pass. (no other forms occur) to be armed

105 *ἀπαμείβομαι answer

οἶσε aor. imper. of φέρω

ἦος = ἕως while

πάρ' = πάρεισι there

are at hand

ἀποκινέω remove

(acc.) away from

(gen.)

ἐπιπείθομαι obey (+dat.)

ὅθι where

κλυτός ή όν famous, glorious

*τεύχεα, τά armour, harness (3c)

110 *τέσσαρες a four

ἐξαιρέω (aor. ἔξελον) take out

ὀκτώ eight

πίσυρες a four

ἱπποδάσεια (f. adj.) with horse-hair crest

εἰσαφικάνω come to, arrive at

δύομαι (3rd s. aor. δύσετο, impf. dual δυέσθην) put on

ὣς δ' αὔτως likewise

τὼ δμῶε dual forms

115 *ἀμφί (+acc.) around, about

*ποικιλομήτης guileful

## 116–30 When Odysseus runs out of arrows, he sends Eumaios to guard the passage.

Αὐτὰρ ὅ γ', ὄφρα μὲν αὐτῷ ἀμύνεσθαι ἔσαν ἰοί,
τόφρα μνηστήρων ἕνα γ' αἰεὶ ᾧ ἐνὶ οἴκῳ
βάλλε τιτυσκόμενος· τοὶ δ' ἀγχιστῖνοι ἔπιπτον.
αὐτὰρ ἐπεὶ λίπον ἰοὶ ὀϊστεύοντα ἄνακτα,
τόξον μὲν πρὸς σταθμὸν ἐϋσταθέος μεγάροιο        120
ἔκλιν' ἑστάμεναι, πρὸς ἐνώπια παμφανόωντα,
αὐτὸς δ' ἀμφ' ὤμοισι σάκος θέτο τετραθέλυμνον,
κρατὶ δ' ἐπ' ἰφθίμῳ κυνέην εὔτυκτον ἔθηκεν,
ἵππουριν, δεινὸν δὲ λόφος καθύπερθεν ἔνευεν·
εἵλετο δ' ἄλκιμα δοῦρε δύω κεκορυθμένα χαλκῷ.        125
Ὀρσοθύρη δέ τις ἔσκεν ἐϋδμήτῳ ἐνὶ τοίχῳ,

αὐτὰρ ὅ γ', ὄφρα μὲν αὐτῷ ἀμύνεσθαι ἔσαν ἰοί,
τόφρα μνηστήρων ἕνα γ' αἰεὶ ᾧ ἐνὶ οἴκῳ
βάλλε τιτυσκόμενος


ἀκρότατον δὲ παρ' οὐδὸν ἐϋσταθέος μεγάροιο
ἦν ὁδὸς ἐς λαύρην, σανίδες δ' ἔχον εὖ ἀραρυῖαι·
τὴν δ' Ὀδυσεὺς φράζεσθαι ἀνώγει δῖον ὑφορβὸν
ἑσταότ' ἄγχ' αὐτῆς· μία δ' οἴη γίγνετ' ἐφορμή.          130

τόφρα  so long
τιτύσκομαι  aim
ἀγχιστῖνος η ον
  crowded, in heaps
λείπω (λιπ-) abandon,
  fail, run out
ὀϊστεύω  shoot arrows
120 σταθμός, ὁ doorpost
  (of the main entrance)
  (2a)
* ἐϋσταθής ές well-
  built
κλίνω make to lean,
  rest against
ἑστάμεναι perf. inf. of
  ἵστημι stand
ἐνώπια, τά face (of a
  wall) (2b)

παμφανόων ωσα ων
  bright-shining,
  radiant
τετραθέλυμνος ον          125
  made of four layers
  of ox-hide
* κάρα (κρατ- or κραατ-),
  τό head (3b)
ἴφθιμος η ον strong,
  stout
εὔτυκτος ον well-
  made
ἵππουρις (acc. ἵππουριν;
  f. adj.) horse-tailed
δεινόν adv.
λόφος, ὁ crest (of a
  helmet) (2a)
καθύπερθεν from

above, hanging
  down
νεύω nod
δοῦρε dual acc. of δόρυ
κεκορυθμένος η ον
  headed with, tipped
  with
ὀρσοθύρη, ἡ side door
  (meaning uncertain)
  (1a); cf. 132
ἐΰδμητος ον well-
  built
τοῖχος, ὁ wall (2a)
ἀκρότατος η ον top-
  most, inmost, outer-
  most; edge of
λαύρη, ἡ alley, pas-
  sage (1a); cf. 137

σανίδες, αἱ  folding
doors (3a)
ἔχω  (here) close, con-
tain, protect (sc. it)

130  φράζομαι  (here)
watch, guard
ἐφορμή, ἡ  way of
attack, room to

attack (1a); tr. only
room for one to
attack

**131–52**  *Agelaos suggests someone leave by the back door to raise*
*the alarm, but Melanthios, after demonstrating the*
*impracticality of this plan, goes to fetch arms for the suitors*
*from Odysseus' storeroom, much to Odysseus' alarm.*

τοῖς δ' Ἀγέλεως μετέειπεν, ἔπος πάντεσσι πιφαύσκων·
"ὦ φίλοι, οὐκ ἂν δή τις ἀν' ὀρσοθύρην ἀναβαίη
καὶ εἴποι λαοῖσι, βοὴ δ' ὤκιστα γένοιτο;
τῷ κε τάχ' οὗτος ἀνὴρ νῦν ὕστατα τοξάσσαιτο."

Τὸν δ' αὖτε προσέειπε Μελάνθιος, αἰπόλος αἰγῶν·      135
"οὔ πως ἔστ', Ἀγέλαε διοτρεφές· ἄγχι γὰρ αἰνῶς
αὐλῆς καλὰ θύρετρα καὶ ἀργαλέον στόμα λαύρης·
καί χ' εἷς πάντας ἐρύκοι ἀνήρ, ὅς τ' ἄλκιμος εἴη.
ἀλλ' ἄγεθ', ὑμῖν τεύχε' ἐνείκω θωρηχθῆναι
ἐκ θαλάμου· ἔνδον γάρ, ὀΐομαι, οὐδέ πη ἄλλη      140
τεύχεα κατθέσθην Ὀδυσεὺς καὶ φαίδιμος υἱός."

Ὣς εἰπὼν ἀνέβαινε Μελάνθιος, αἰπόλος αἰγῶν,
ἐς θαλάμους Ὀδυσῆος ἀνὰ ῥῶγας μεγάροιο.
ἔνθεν δώδεκα μὲν σάκε' ἔξελε, τόσσα δὲ δοῦρα

καὶ τόσσας κυνέας χαλκήρεας ἱπποδασείας·                    145
βῆ δ' ἴμεναι, μάλα δ' ὦκα φέρων μνηστῆρσιν ἔδωκε.
καὶ τότ' Ὀδυσσῆος λύτο γούνατα καὶ φίλον ἦτορ,
ὡς περιβαλλομένους ἴδε τεύχεα χερσί τε δοῦρα
μακρὰ τινάσσοντας· μέγα δ' αὐτῷ φαίνετο ἔργον.
αἶψα δὲ Τηλέμαχον ἔπεα πτερόεντα προσηύδα·                150
"Τηλέμαχ', ἦ μάλα δή τις ἐνὶ μεγάροισι γυναικῶν
νῶϊν ἐποτρύνει πόλεμον κακὸν ἠὲ Μελανθεύς."

Ἀγέλεως and Ἀγέλαος,
  ὁ Agelaos, a suitor
  (2a)
πιφαύσκω make
  known, disclose
ὀρσοθύρη *cf. 126*
  134: *cf. 78*
136 ἔστ(ι) it is possible
διοτρεφής ές cher-
  ished by Zeus
αἰνῶς terribly, very
θύρετρα, τά door (2b)
ἀργαλέος α ον painful,
  difficult, dangerous
λαύρη *cf. 128*

ἐρύκω keep back,
  hold off
ἐνείκω *aor. subj. of*
  φέρω
θωρήσσομαι arm
  oneself
140 πη somewhere
κατθέσθην *dual aor.*
  *mid. of* κατατίθημι
  place, put away
φαίδιμος ον shining,
  glorious
ῥώξ (ῥωγ-), ἡ side
  passage (*meaning un-
  certain*) (3a)

τόσσοι αι α so many
145 ἱπποδάσεια (*f. adj.*)
  with horse-hair crest
λύτο ... ἦτορ *cf. 68*
περιβάλλομαι put on
ἴδε = εἶδε *aor. of* ὁράω
τινάσσω brandish
149 ἔργον, τό deed (2b):
  *either* what he had to
  do *or* the treacherous
  deed
νῶϊν *dual dat. of* ἐγώ
  against us
ἐποτρύνω stir up

**153–77** *Telemakhos confesses that he failed to lock the storeroom.
Eumaios sees Melanthios going for arms and is sent with
Philoitios to put him out of action.*

Τὸν δ' αὖ Τηλέμαχος πεπνυμένος ἀντίον ηὔδα·
"ὦ πάτερ, αὐτὸς ἐγὼ τόδε γ' ἤμβροτον – οὐδέ τις ἄλλος
αἴτιος – ὃς θαλάμοιο θύρην πυκινῶς ἀραρυῖαν         155
κάλλιπον ἀγκλίνας· τῶν δὲ σκοπὸς ἦεν ἀμείνων.
ἀλλ' ἴθι, δῖ' Εὔμαιε, θύρην ἐπίθες θαλάμοιο,
καὶ φράσαι ἤ τις ἄρ' ἐστὶ γυναικῶν ἢ τάδε ῥέζει,
ἦ υἱὸς Δολίοιο Μελανθεύς, τόν περ ὀΐω."

Ὣς οἱ μὲν τοιαῦτα πρὸς ἀλλήλους ἀγόρευον,          160
βῆ δ' αὖτις θαλαμόνδε Μελάνθιος, αἰπόλος αἰγῶν,
οἴσων τεύχεα καλά. νόησε δὲ δῖος ὑφορβός,

αἶψα δ' Ὀδυσσῆα προσεφώνεεν ἐγγὺς ἐόντα·
"διογενὲς Λαερτιάδη, πολυμήχαν' Ὀδυσσεῦ,
κεῖνος δὴ αὖτ' ἀΐδηλος ἀνήρ, ὃν ὀϊόμεθ' αὐτοί,                    165
ἔρχεται ἐς θάλαμον· σὺ δέ μοι νημερτὲς ἐνίσπες,
ἢ μιν ἀποκτείνω, αἴ κε κρείσσων γε γένωμαι,
ἦέ σοι ἐνθάδ' ἄγω, ἵν' ὑπερβασίας ἀποτίσῃ
πολλάς, ὅσσας οὗτος ἐμήσατο σῷ ἐνὶ οἴκῳ."
     Τὸν δ' ἀπαμειβόμενος προσέφη πολύμητις Ὀδυσσεύς·      170
"ἦ τοι ἐγὼ καὶ Τηλέμαχος μνηστῆρας ἀγαυοὺς
σχήσομεν ἔντοσθεν μεγάρων, μάλα περ μεμαῶτας·
σφῶϊ δ' ἀποστρέψαντε πόδας καὶ χεῖρας ὕπερθεν
ἐς θάλαμον βαλέειν, σανίδας δ' ἐκδῆσαι ὄπισθε,
σειρὴν δὲ πλεκτὴν ἐξ αὐτοῦ πειρήναντε                            175
κίον' ἀν' ὑψηλὴν ἐρύσαι πελάσαι τε δοκοῖσιν,
ὣς κεν δηθὰ ζωὸς ἐὼν χαλέπ' ἄλγεα πάσχῃ."

---

ἤμβροτον aor. of
  ἁμαρτάνω
155 πυκινῶς closely,
  compactly, fast
κάλλιπον = κατέλιπον
  aor. of καταλείπω
  leave
ἀγκλίνας = ἀνακλίνας
  aor. part. of ἀνακλίνω
  lean upon, push
  back, open
σκοπός, ὁ lookout,
  spy (2a)
ἦεν = ἦν
φράζομαι think, con-
  sider, observe
159 Δολίος, ὁ Dolios,
  father of Melanthios
  (2a)
οἴσων fut. part. of
  φέρω, expressing
  purpose, tr. to
  bring
* ἐόντα = ὄντα

διογενής ές sprung
  from Zeus
πολυμήχανος ον re-
  sourceful, inventive
165 ἀΐδηλος ον loathsome
νημερτής ές infallible,
  sure
ἐνέπω (aor. imper. ἐνίσ-
  πες) tell
μήδομαι (μησ-) in-
  tend, contrive
169: cf. 105
171 σχήσομεν fut. of ἔχω
  (here) contain
* ἔντοσθε(ν) (+gen.)
  (from) within
μεμαὼς υῖα ός furi-
  ously eager
σφῶϊ (dual form) you
  two
ἀποστρέφω (dual aor.
  part. ἀποστρέψαντε)
  twist back
ὕπερθεν above (tr.

with χεῖρας, i.e.
  his hands above)
σανίς (σανιδ-), ἡ
  plank, board (3a)
βαλέειν, ἐκδῆσαι, ἐρύ-
  σαι, πελάσαι aor. inf.
  used as imper.
ἐκδέω bind, fasten to
175 σειρή, ἡ rope, cord
  (1b)
πλεκτός ή όν twisted
περαίνω (dual aor. part.
  πειρήναντε) ac-
  complish; (here) tie
* κίων (κιον-), ἡ pillar,
  column (3a)
ἀνά (+acc.) (here) up
  on, at the top of
* ἐρύω draw, pull
πελάζω bring near to
δοκός, ἡ roof-beam
  (2a)
δηθά for a long time
* ζωός ή όν alive

**178–202** *They surprise Melanthios as he comes out of the storeroom,
tie him up as instructed and, leaving him suspended high up
on a column, return to the hall.*

Ὣς ἔφαθ᾽, οἱ δ᾽ ἄρα τοῦ μάλα μὲν κλύον ἠδ᾽ ἐπίθοντο,
βὰν δ᾽ ἴμεν ἐς θάλαμον, λαθέτην δέ μιν ἔνδον ἐόντα.
ἤ τοι ὁ μὲν θαλάμοιο μυχὸν κάτα τεύχε᾽ ἐρεύνα,          180
τὼ δ᾽ ἔσταν ἑκάτερθε παρὰ σταθμοῖσι μένοντε,
εὖθ᾽ ὑπὲρ οὐδὸν ἔβαινε Μελάνθιος, αἰπόλος αἰγῶν,
τῇ ἑτέρῃ μὲν χειρὶ φέρων καλὴν τρυφάλειαν,
τῇ δ᾽ ἑτέρῃ σάκος εὐρὺ γέρον, πεπαλαγμένον ἄζῃ,
Λαέρτεω ἥρωος, ὃ κουρίζων  φορέεσκε·          185
δὴ τότε γ᾽ ἤδη κεῖτο, ῥαφαὶ δ᾽ ἐλέλυντο ἱμάντων·
τὼ δ᾽ ἄρ᾽ ἐπαΐξανθ᾽ ἑλέτην, ἔρυσάν τέ μιν εἴσω
κουρίξ, ἐν δαπέδῳ δὲ χαμαὶ βάλον ἀχνύμενον κῆρ,
σὺν δὲ πόδας χεῖράς τε δέον θυμαλγέϊ δεσμῷ
εὖ μάλ᾽ ἀποστρέψαντε διαμπερές, ὡς ἐκέλευσεν          190
υἱὸς Λαέρταο, πολύτλας δῖος Ὀδυσσεύς·
σειρὴν δὲ πλεκτὴν ἐξ αὐτοῦ πειρήναντε
κίον᾽ ἀν᾽ ὑψηλὴν ἔρυσαν πέλασάν τε δοκοῖσι.
τὸν δ᾽ ἐπικερτομέων προσέφης, Εὔμαιε συβῶτα·
"νῦν μὲν δὴ μάλα πάγχυ, Μελάνθιε, νύκτα φυλάξεις,          195
εὐνῇ ἔνι μαλακῇ καταλέγμενος, ὥς σε ἔοικεν·
οὐδὲ σέ γ᾽ ἠριγένεια παρ᾽ Ὠκεανοῖο ῥοάων
λήσει ἐπερχομένη χρυσόθρονος, ἡνίκ᾽ ἀγινεῖς
αἶγας μνηστήρεσσι δόμον κάτα δαῖτα πένεσθαι."
Ὣς ὁ μὲν αὖθι λέλειπτο, ταθεὶς ὀλοῷ ἐνὶ δεσμῷ·          200
τὼ δ᾽ ἐς τεύχεα δύντε, θύρην ἐπιθέντε φαεινήν,
βήτην εἰς Ὀδυσῆα δαΐφρονα ποικιλομήτην.

λαθέτην dual aor. of
  λανθάνω
180 μυχός, ὁ  corner, in-
  nermost part (2a)
ἐρευνάω  search for
ἑκάτερθε  on each side
σταθμός, ὁ  door-post
  (2a)
μένοντε  dual pres. part.
  of μένω

εὖτε  (and) when
ὑπέρ (+ acc.)  over
τρυφάλεια, ἡ  helmet
  (1b)
γέρων ον  old
* παλάσσω  (perf. pass.
  part. πεπαλαγμένος)
  spatter, defile
ἄζα, ἡ  dirt, mould
  (1c)

185 Λαέρτης, ὁ  Laertes,
  father of Odysseus
  (1d)
ἥρως (ἥρω-), ὁ  hero
  (3a)
κουρίζω  be a young
  man
δὴ τότε γ᾽ ἤδη  but by
  that time
ῥαφή, ἡ  seam (1a)

ἱμάς (ἱμαντ-), ὁ strap
(3a)
ἐπαΐσσω (dual aor. part.
ἐπαΐξαντε) rush
upon
ἑλέτην dual aor. of
αἱρέω
εἴσω to within, inside
κουρίξ by the hair
* δάπεδον, τό floor (2b)
χαμαί on the ground
κῆρ (dat. κῆρι), τό
heart
σύν ... δέον impf. of
συνδέω tie together
θυμαλγής ές painful
190 ἀποστρέψαντε cf. 172
διαμπερές right back
πολύτλας much en-
during
192: cf. 175

193: see 176
ἐπικερτομέω mock
195 πάγχυ entirely
φυλάσσω (here) keep
watch, stay awake
εὐνή, ἡ bed (1a)
μαλακός ή όν soft
καταλέχομαι lie
down, go to bed
ἠριγένεια, ἡ dawn (lit.
early-born) (1b)
Ὠκεανός, ὁ Ocean
(2a)
ῥοή, ἡ river, stream
(1a)
λήσει 3rd s. fut. of
λανθάνω
ἐπέρχομαι approach,
rise
χρυσόθρονος ον with
golden throne

ἡνίκα at the time
when
ἀγινέω lead, bring
πένομαι work; get
ready
200 λέλειπτο plup. pass. of
λείπω
τείνω (aor. pass. part.
ταθείς) stretch
ὀλοός ή όν destruc-
tive, deadly
δύομαι (dual aor. part.
δύντε) put on, get
into (+ ἐς + acc.)
ἐπιθέντε dual aor. part.
of ἐπιτίθημι
φαεινός ή όν shining
βήτην dual aor. of
βαίνω

**203–40** *Athene appears, disguised as Mentor, an old friend of*
*Odysseus. When she is threatened by Agelaos, she reminds*
*Odysseus of his exploits at Troy, but her help does not yet*
*turn the tide of battle. Like a swallow she flies up and sits*
*on a high roof-beam.*

ἔνθα μένος πνείοντες ἐφέστασαν, οἱ μὲν ἐπ' οὐδοῦ
τέσσαρες, οἱ δ' ἔντοσθε δόμων πολέες τε καὶ ἐσθλοί.
τοῖσι δ' ἐπ' ἀγχίμολον θυγάτηρ Διὸς ἦλθεν Ἀθήνη,        205
Μέντορι εἰδομένη ἠμὲν δέμας ἠδὲ καὶ αὐδήν.
τὴν δ' Ὀδυσεὺς γήθησεν ἰδὼν καὶ μῦθον ἔειπε·
"Μέντορ, ἄμυνον ἀρήν, μνῆσαι δ' ἑταίροιο φίλοιο,
ὅς σ' ἀγαθὰ ῥέζεσκον· ὁμηλικίη δέ μοί ἐσσι."

Ὣς φάτ', ὀϊόμενος λαοσσόον ἔμμεν' Ἀθήνην.        210
μνηστῆρες δ' ἑτέρωθεν ὁμόκλεον ἐν μεγάροισι.
πρῶτος τήν γ' ἐνένιπε Δαμαστορίδης Ἀγέλαος·
"Μέντορ, μή σε ἔπεσσι παραιπεπίθησιν Ὀδυσσεὺς
μνηστήρεσσι μάχεσθαι, ἀμυνέμεναι δέ οἱ αὐτῷ.
ὧδε γὰρ ἡμέτερόν γε νόον τελέεσθαι ὀΐω·        215

τοῖσι δ' ἐπ' ἀγχίμολον θυγάτηρ Διὸς ἦλθεν Ἀθήνη

Ἑλένη λευκώλενος εὐπατερείη

εἰνάετες Τρώεσσιν ἐμάρναο νωλεμὲς αἰεί

χελιδόνι εἰκέλη ἄντην

ὁππότε κεν τούτους κτέωμεν, πατέρ᾽ ἠδὲ καὶ υἱόν,
ἐν δὲ σὺ τοῖσιν ἔπειτα πεφήσεαι, οἷα μενοινᾷς
ἔρδειν ἐν μεγάροις· σῷ δ᾽ αὐτοῦ κράατι τίσεις.
αὐτὰρ ἐπὴν ὑμέων γε βίας ἀφελώμεθα χαλκῷ,
κτήμαθ᾽ ὁπόσσα τοί ἐστι, τά τ᾽ ἔνδοθι καὶ τὰ θύρηφι,    220
τοῖσιν Ὀδυσσῆος μεταμίξομεν· οὐδέ τοι υἷας
ζώειν ἐν μεγάροισιν ἐάσομεν, οὐδὲ θύγατρας
οὐδ᾽ ἄλοχον κεδνὴν Ἰθάκης κατὰ ἄστυ πολεύειν."

Ὣς φάτ', Ἀθηναίη δὲ χολώσατο κηρόθι μᾶλλον,
νείκεσσεν δ' Ὀδυσῆα χολωτοῖσιν ἐπέεσσιν·     225
"οὐκέτι σοί γ', Ὀδυσεῦ, μένος ἔμπεδον οὐδέ τις ἀλκή,
οἵη ὅτ' ἀμφ' Ἑλένη λευκωλένῳ εὐπατερείῃ
εἰνάετες Τρώεσσιν ἐμάρναο νωλεμὲς αἰεί,
πολλοὺς δ' ἄνδρας ἔπεφνες ἐν αἰνῇ δηϊοτῆτι,
σῇ δ' ἥλω βουλῇ Πριάμου πόλις εὐρυάγυια.     230
πῶς δὴ νῦν, ὅτε σόν γε δόμον καὶ κτήμαθ' ἱκάνεις,
ἄντα μνηστήρων ὀλοφύρεαι ἄλκιμος εἶναι;
ἀλλ' ἄγε δεῦρο, πέπον, παρ' ἔμ' ἵστασο καὶ ἴδε ἔργον,
ὄφρα ἰδῇς οἷός τοι ἐν ἀνδράσι δυσμενέεσσι
Μέντωρ Ἀλκιμίδης εὐεργεσίας ἀποτίνειν."     235
Ἦ ῥα, καὶ οὔ πω πάγχυ δίδου ἑτεραλκέα νίκην,
ἀλλ' ἔτ' ἄρα σθένεός τε καὶ ἀλκῆς πειρήτιζεν
ἠμὲν Ὀδυσσῆος ἠδ' υἱοῦ κυδαλίμοιο.
αὐτὴ δ' αἰθαλόεντος ἀνὰ μεγάροιο μέλαθρον
ἕζετ' ἀναΐξασα, χελιδόνι εἰκέλη ἄντην.     240

---

\*μένος, τό  might; spirit, passion (*3c*)
πνείω breathe
ἐφίσταμαι (*3rd pl. plup.* ἐφέστασαν) stand upon
πολέες = πολλοί
ἐσθλός ή όν brave
205   ἐπ'... ἦλθον *aor. of* ἐπέρχομαι come upon, approach
ἀγχίμολον near, close
Μέντωρ (Μεντορ-), ὁ Mentor, friend of Odysseus (*3a*)
εἴδομαι (*+dat.*) make oneself like
ἠμέν.... ἠδὲ (καί) both ... and
δέμας, τό  body (*3*)
αὐδή, ἡ voice (*1a*)
γηθέω rejoice

ἄμυνον *aor. imper.* of ἀμύνω ward off
ἀρή, ἡ evil, ruin (*1b*)
μιμνήσκομαι (*aor.* ἐμνησάμην) remember (*+gen.*)
ὁμηλικίη, ἡ sameness of age; contemporary, of the same age as (*1b*)
210   λαοσσόος ον who rouses the people
ἑτέρωθεν from the other side, on their part
ὁμοκλάω (*3rd pl. impf.* ὁμόκλεον) call, shout to
ἐνένιπε *aor. of* ἐνίπτω rebuke
Δαμαστορίδης, ὁ son of Damastor (*1d*)

παραιπεπίθῃσιν *3rd s. aor. subj. of* παραπείθω win over by persuasion, prevail upon
215   νόος, ὁ mind, intention (*2a*)
τελέεσθαι *fut. pass. inf. of* τελέω accomplish
ὁππότε = ὁπότε
κτέωμεν *aor. subj. of* κτείνω kill
πεφήσεαι *2nd s. fut. pass. of* ἔπεφνον (*no pres.*) killed, slew
οἷα *tr.* for what
μενοινάω desire eagerly, be eager to
ἔρδω do
σῷ... αὐτοῦ *i.e.* your own

τίνω (τισ-)  pay the price
ἐπήν (ἐπεί ± ἄν) when
βία, ἡ  bodily strength, force (1b)
ἀφαιρέομαι (ἀφελ-) take X (gen.) from Y (gen.)
220 ἔνδοθι  within, at home
θύρηφι  outside
μεταμίσγω (μεταμιξ-) mix together with
υἷας  acc. pl. of υἱός
κεδνός ἡ όν  careful, trusty
πολεύω  come and go
Ἀθηναίη, ἡ  Athene (1b)
κηρόθι  with all the heart, in (her) heart
μᾶλλον  greatly
225 νεικέω  rebuke
χολωτός ἡ όν  angry
ἔμπεδος ον  steadfast
* ἀλκή, ἡ  strength, prowess, capacity to help (1a)
ἀμφί (+dat.)  for the sake of

Ἑλένη, ἡ  Helen (1a)
λευκώλενος ον  white-armed
εὐπατέρεια, ἡ  daughter of a noble father (1b)
εἰνάετες  for nine years
μάρναμαι  fight, do battle
νωλεμές  without pause
ἔπεφνες  2nd s. aor. of ἔπεφνον (no pres.) killed, slew
αἰνός ή όν  horrible, terrible
δηϊοτής (δηϊοτητ-), ἡ  battle (3a)
230 ἧλω  3rd s. aor. pass. of ἁλίσκομαι be captured
βουλή, ἡ  advice, counsel (1a)
Πρίαμος, ὁ  Priam (2a)
εὐρυάγυια (f. adj.) with wide streets
ἄντα (+gen.)  against, in the face of
ὀλοφύρομαι  lament, wail; tr. you cry out to be brave

πέπον (voc.)  old friend
δυσμενής ές  hostile
235 Ἀλκιμίδης, ὁ  son of Alkimos (1d)
* εὐεργεσία, ἡ  good deed, kindness (1b)
πάγχυ  entirely, altogether
δίδου  3rd s. impf. of δίδωμι
ἑτεραλκής ές  giving strength to the other side, going their way
σθένος, τό  strength (3c)
πειρητίζω  try; (+gen.) put to the test
ἠμέν ... ἠδέ  both ... and
κυδάλιμος ον  glorious, famous
αἰθαλόεις εσσα εν  smoky
μέλαθρον, τό  ridge-pole, beam (2b)
240 χελιδών (χελιδον-), ἡ  swallow (3a)
εἴκελος η ον  like
ἄντην (here) in presence, to behold

**241–71** *The six leading suitors, urged on by Agelaos, cast their spears, but Athene makes them all miss. Odysseus urges his side to cast, and four suitors fall dead. As the other suitors shrink back, all four retrieve their spears.*

Μνηστῆρας δ᾽ ὄτρυνε Δαμαστορίδης Ἀγέλαος
Εὐρύνομός τε καὶ Ἀμφιμέδων Δημοπτόλεμός τε
Πείσανδρός τε Πολυκτορίδης Πόλυβός τε δαΐφρων·
οἱ γὰρ μνηστήρων ἀρετῇ ἔσαν ἔξοχ᾽ ἄριστοι,
ὅσσοι ἔτ᾽ ἔζωον περί τε ψυχέων ἐμάχοντο·            245
τοὺς δ᾽ ἤδη ἐδάμασσε βιὸς καὶ ταρφέες ἰοί.

τοῖς δ' Ἀγέλεως μετέειπεν, ἔπος πάντεσσι πιφαύσκων·
"ὦ φίλοι, ἤδη σχήσει ἀνὴρ ὅδε χεῖρας ἀάπτους·
καὶ δή οἱ Μέντωρ μὲν ἔβη κενὰ εὔγματα εἰπών,
οἱ δ' οἶοι λείπονται ἐπὶ πρώτῃσι θύρῃσι.                           250
τῷ νῦν μὴ ἅμα πάντες ἐφίετε δούρατα μακρά,
ἀλλ' ἄγεθ' οἱ ἓξ πρῶτον ἀκοντίσατ', αἴ κέ ποθι Ζεὺς
δώῃ Ὀδυσσῆα βλῆσθαι καὶ κῦδος ἀρέσθαι.
τῶν δ' ἄλλων οὐ κῆδος, ἐπεί χ' οὗτός γε πέσῃσιν."

    Ὣς ἔφαθ', οἱ δ' ἄρα πάντες ἀκόντισαν ὡς ἐκέλευεν,      255
ἱέμενοι· τὰ δὲ πάντα ἐτώσια θῆκεν Ἀθήνη.
τῶν ἄλλος μὲν σταθμὸν ἐϋσταθέος μεγάροιο
βεβλήκει, ἄλλος δὲ θύρην πυκινῶς ἀραρυῖαν·
ἄλλου δ' ἐν τοίχῳ μελίη πέσε χαλκοβάρεια.
αὐτὰρ ἐπεὶ δὴ δούρατ' ἀλεύαντο μνηστήρων,                    260
τοῖς ἄρα μύθων ἄρχε πολύτλας δῖος Ὀδυσσεύς·
"ὦ φίλοι, ἤδη μέν κεν ἐγὼν εἴποιμι καὶ ἄμμι
μνηστήρων ἐς ὅμιλον ἀκοντίσαι, οἳ μεμάασιν
ἡμέας ἐξεναρίξαι ἐπὶ προτέροισι κακοῖσιν."

    Ὣς ἔφαθ', οἱ δ' ἄρα πάντες ἀκόντισαν ὀξέα δοῦρα       265
ἄντα τιτυσκόμενοι· Δημοπτόλεμον μὲν Ὀδυσσεύς,
Εὐρυάδην δ' ἄρα Τηλέμαχος, Ἔλατον δὲ συβώτης,
Πείσανδρον δ' ἄρ' ἔπεφνε βοῶν ἐπιβουκόλος ἀνήρ.
οἱ μὲν ἔπειθ' ἅμα πάντες ὀδὰξ ἕλον ἄσπετον οὖδας,
μνηστῆρες δ' ἀνεχώρησαν μεγάροιο μυχόνδε·                    270
τοὶ δ' ἄρ' ἐπήϊξαν, νεκύων δ' ἐξ ἔγχε' ἕλοντο.

---

ὀτρύνω encourage
Εὐρύνομος, ὁ Eury-
  nomos, a suitor (2a)
Ἀμφιμέδων ('Ἀμφιμε-
  δοντ-), ὁ Amphi-
  medon, a suitor (3a)
Δημοπτόλεμος, ὁ
  Demoptolemos, a
  suitor (2a)
Πείσανδρος, ὁ Peisan-
  dros, a suitor (2a)
Πολυκτορίδης, ὁ son
  of Polyktor, Peisan-
  dros (1d)

244 Πόλυβος, ὁ Polybos,
  a suitor (2a)
ἔξοχα by far, beyond
  compare
τοὺς δέ the others
δαμάζω subdue, kill
ταρφύς εῖα ύ close,
  thick-falling
247: *cf.* 131
248: see 70
κενός ή όν empty
εὔγμα (εὔγματ-), τό
  boast (3b)
251 ἐφίημι throw

ἕξ six; οἱ ἕξ six of you
  (*ref. to* 241–3)
* ἀκοντίζω throw a
  spear
ποθί by any chance
δώῃ 3rd s. *aor. subj. of*
  δίδωμι
βλῆσθαι *aor. pass. inf.*
  *of* βάλλω hit
κῦδος, τό glory (3c)
ἀρέσθαι *aor. inf. of*
  ἄρνυμαι win (*sc.*
  ἡμᾶς/ἡμέας *as*
  *subject*)

κῆδος, τό (+gen.)
care about (3c); tr.
the others do not
matter
256 ἐτώσιος ον useless,
fruitless, in vain
σταθμός, ὁ pillar sup-
porting the roof,
doorpost (2a)
πυκινῶς closely
τοῖχος, ὁ wall (2a)
μελίη, ἡ spear of ash
wood (1b)
χαλκοβαρής ές heavy
with bronze

260 ἀλέομαι (aor. ἀλευάμην)
avoid
μύθων ἄρχε tr. he
began speaking
πολύτλας much-
enduring
ἐγών = ἐγώ
*ὅμιλος, ὁ crowd (2a)
μεμάασιν 3rd pl. of
μέμονα be very
eager, intend
ἐξεναρίζω kill
ἐπί + dat. besides, in
addition to
266 ἄντα straight

τιτύσκομαι aim
Εὐρυάδης, ὁ Eury-
ades, a suitor (1d)
Ἔλατος, ὁ Elatos, a
suitor (2a)
ἔπεφνον killed, slew
ὀδάξ by biting with
the teeth
ἄσπετος ον ineffable,
unspeakably great
οὖδας, τό ground (3)
270 μυχόνδε to a corner,
to the back of
ἐπαΐσσω rush at
*νέκυς, ὁ corpse (3h)

**272–309** *A second volley of spears from the suitors is almost equally*
*ineffective, inflicting superficial wounds on Telemakhos and*
*Eumaios. Four more suitors are killed by the counter-volley.*
*As Odysseus' side moves in to fight at close quarters,*
*Athene raises the aegis and strikes terror into the suitors.*

Αὖτις δὲ μνηστῆρες ἀκόντισαν ὀξέα δοῦρα
ἱέμενοι· τὰ δὲ πολλὰ ἐτώσια θῆκεν Ἀθήνη.
τῶν ἄλλος μὲν σταθμὸν ἐϋσταθέος μεγάροιο
βεβλήκει, ἄλλος δὲ θύρην πυκινῶς ἀραρυῖαν·        275
ἄλλου δ᾽ ἐν τοίχῳ μελίη πέσε χαλκοβάρεια.
Ἀμφιμέδων δ᾽ ἄρα Τηλέμαχον βάλε χεῖρ᾽ ἐπὶ καρπῷ
λίγδην, ἄκρον δὲ ῥινὸν δηλήσατο χαλκός.
Κτήσιππος δ᾽ Εὔμαιον ὑπὲρ σάκος ἔγχεϊ μακρῷ
ὦμον ἐπέγραψεν· τὸ δ᾽ ὑπέρπτατο, πῖπτε δ᾽ ἔραζε.    280
τοὶ δ᾽ αὖτ᾽ ἀμφ᾽ Ὀδυσῆα δαΐφρονα ποικιλομήτην
μνηστήρων ἐς ὅμιλον ἀκόντισαν ὀξέα δοῦρα.
ἔνθ᾽ αὖτ᾽ Εὐρυδάμαντα βάλε πτολίπορθος Ὀδυσσεύς,
Ἀμφιμέδοντα δὲ Τηλέμαχος, Πόλυβον δὲ συβώτης·
Κτήσιππον δ᾽ ἄρ᾽ ἔπειτα βοῶν ἐπιβουκόλος ἀνὴρ      285
βεβλήκει πρὸς στῆθος, ἐπευχόμενος δὲ προσηύδα·
"ὦ Πολυθερσεΐδη φιλοκέρτομε, μή ποτε πάμπαν
εἴκων ἀφραδίῃς μέγα εἰπεῖν, ἀλλὰ θεοῖσι
μῦθον ἐπιτρέψαι, ἐπεὶ ἦ πολὺ φέρτεροί εἰσι.

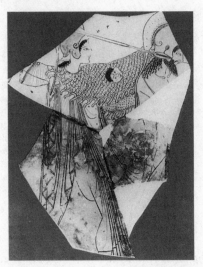

δὴ τότ' Ἀθηναίη φθισίμβροτον αἰγίδ' ἀνέσχεν

τοῦτό τοι ἀντὶ ποδὸς ξεινήϊον, ὅν ποτ' ἔδωκας          290
ἀντιθέῳ Ὀδυσῆϊ δόμον κάτ' ἀλητεύοντι."
    Ἦ ῥα βοῶν ἑλίκων ἐπιβουκόλος· αὐτὰρ Ὀδυσσεὺς
οὖτα Δαμαστορίδην αὐτοσχεδὸν ἔγχεϊ μακρῷ·
Τηλέμαχος δ' Εὐηνορίδην Ληόκριτον οὖτα
δουρὶ μέσον κενεῶνα, διαπρὸ δὲ χαλκὸν ἔλασσεν·          295
ἤριπε δὲ πρηνής, χθόνα δ' ἤλασε παντὶ μετώπῳ.
δὴ τότ' Ἀθηναίη φθισίμβροτον αἰγίδ' ἀνέσχεν
ὑψόθεν ἐξ ὀροφῆς· τῶν δὲ φρένες ἐπτοίηθεν.
οἱ δ' ἐφέβοντο κατὰ μέγαρον βόες ὣς ἀγελαῖαι·
τὰς μέν τ' αἰόλος οἶστρος ἐφορμηθεὶς ἐδόνησεν          300
ὥρῃ ἐν εἰαρινῇ, ὅτε τ' ἤματα μακρὰ πέλονται.
οἱ δ' ὣς τ' αἰγυπιοὶ γαμψώνυχες ἀγκυλοχεῖλαι
ἐξ ὀρέων ἐλθόντες ἐπ' ὀρνίθεσσι θόρωσι·
ταὶ μέν τ' ἐν πεδίῳ νέφεα πτώσσουσαι ἵενται,
οἱ δέ τε τὰς ὀλέκουσιν ἐπάλμενοι, οὐδέ τις ἀλκὴ          305
γίγνεται οὐδὲ φυγή· χαίρουσι δέ τ' ἀνέρες ἄγρῃ·
ὣς ἄρα τοὶ μνηστῆρας ἐπεσσύμενοι κατὰ δῶμα
τύπτον ἐπιστροφάδην· τῶν δὲ στόνος ὄρνυτ' ἀεικὴς
κράτων τυπτομένων, δάπεδον δ' ἅπαν αἵματι θῦε.

273: see 256
274: cf. 257
275: see 258
276: cf. 259
καρπός, ὁ   wrist (2a)
λίγδην   grazing,
    slightly
ἄκρος α ον   outermost,
    topmost
ῥινός, ὁ   skin (2a)
δηλέομαι   hurt, dam-
    age
Κτήσιππος, ὁ   Ktesip-
    pos, a suitor (2a)
ὑπέρ (+ acc.)   over
280 ἐπιγράφω   graze
ὑπερπέτομαι (aor. ὑπερ-
    επτάμην)   fly over
Εὐρυδάμας (Εὐρυδα-
    μαντ-), ὁ   Eury-
    damas, a suitor (3a)
πτολίπορθος ον   sack-
    ing cities
286 ἐπεύχομαι   exult
Πολυθερσεΐδης, ὁ   son
    of Polytherses
    ('Much Audacity'),
    i.e. Ktesippos (1d)
φιλοκέρτομος ον   fond
    of jeering
πάμπαν   at all,
    altogether
εἴκω (+ dat.)   give way
    to
ἀφραδία, ἡ   folly (1b)
εἰπεῖν, ἐπιτρέψαι inf.
    used as imper.

ἐπιτρέπω   turn to;
    leave to
290 ξεινήϊον, τό   guest-gift
    (2b): Philoitios refers to
    the incident in book 20,
    287ff., where Ktesippos
    hurled an ox hoof at
    Odysseus.
ἀντίθεος η ον   godlike
ἀλητεύω   roam, wan-
    der (as a beggar)
ἕλιξ (ἑλικ-)   with
    twisted horns
* οὐτάω   wound, hurt
αὐτοσχεδόν   hand to
    hand, at close quar-
    ters
Εὐηνορίδης, ὁ   son of
    Euenor, i.e. Leokri-
    tos (1d)
Λῃόκριτος, ὁ   Leokri-
    tos, a suitor (2a)
295 μέσος η ον   middle,
    the middle of
κενεών (κενεων-), ὁ
    belly (3a)
διαπρό   right through
ἐρείπω   throw down;
    intr. aor. ἤριπον fell
    down
πρηνής ές   face down
φθισίμβροτος ον
    man-slaying
αἰγίς (αἰγιδ-), ἡ   aegis
    (3a)
ἀνέχω   hold up
ὑψόθεν   from above

ὀροφή, ἡ   roof (1a)
πτοιέω   terrify
φέβομαι   flee in terror
ἀγελαῖος α ον   in herds
300 αἰόλος η ον   nimble,
    darting
οἶστρος, ὁ   gadfly,
    horse-fly (2a)
ἐφορμάω   stir up; rush
    upon, attack
δονέω   shake; drive
    about
ὥρα, ἡ   season (1b)
εἰαρινός ή όν   of spring
ἦμαρ (ἠματ-), τό   day
    (3b)
αἰγυπιός, ὁ   vulture,
    bird of prey (2a)
γαμψῶνυξ (γαμψωνυχ-)
    with hooked talons
ἀγκυλοχείλης   with
    hooked beak
ὄρνις (ὀρνιθ-), ὁ, ἡ
    bird (3a)
θρῴσκω (aor. ἔθορον)
    leap upon, attack
πεδίον, τό   plain (2b)
νέφος, τό   cloud (3c)
πτώσσω   shrink from
ἵεμαι   hasten, scatter
305 ὀλέκω   kill, prey on
ἐπάλμενοι aor. part. of
    ἐφάλλομαι spring
    upon, attack
ἀνήρ (ἀνδρ- or ἀνερ-), ὁ
    man (3a)

## 310–29 Leodes makes an unsuccessful supplication to Odysseus, who cuts off his head.

Λῃώδης δ᾽ Ὀδυσῆος ἐπεσσύμενος λάβε γούνων,   310
καί μιν λισσόμενος ἔπεα πτερόεντα προσηύδα·
"γουνοῦμαί σ᾽, Ὀδυσεῦ· σὺ δέ μ᾽ αἴδεο καί μ᾽ ἐλέησον·
οὐ γάρ πώ τινά φημι γυναικῶν ἐν μεγάροισιν

εἰπεῖν οὐδέ τι ῥέξαι ἀτάσθαλον· ἀλλὰ καὶ ἄλλους
παύεσκον μνηστῆρας, ὅτις τοιαῦτά γε ῥέζοι.                    315
ἀλλά μοι οὐ πείθοντο κακῶν ἄπο χεῖρας ἔχεσθαι·
τῷ καὶ ἀτασθαλίῃσιν ἀεικέα πότμον ἐπέσπον.
αὐτὰρ ἐγὼ μετὰ τοῖσι θυοσκόος οὐδὲν ἐοργὼς
κείσομαι, ὡς οὐκ ἔστι χάρις μετόπισθ᾽ εὐεργέων."
    Τὸν δ᾽ ἄρ᾽ ὑπόδρα ἰδὼν προσέφη πολύμητις Ὀδυσσεύς·
"εἰ μὲν δὴ μετὰ τοῖσι θυοσκόος εὔχεαι εἶναι,           321
πολλάκι που μέλλεις ἀρήμεναι ἐν μεγάροισι
τηλοῦ ἐμοὶ νόστοιο τέλος γλυκεροῖο γενέσθαι,
σοὶ δ᾽ ἄλοχόν τε φίλην σπέσθαι καὶ τέκνα τεκέσθαι·
τῷ οὐκ ἂν θάνατόν γε δυσηλεγέα προφύγοισθα."         325
    Ὣς ἄρα φωνήσας ξίφος εἵλετο χειρὶ παχείῃ
κείμενον, ὅ ῥ᾽ Ἀγέλαος ἀποπροέηκε χαμᾶζε
κτεινόμενος· τῷ τόν γε κατ᾽ αὐχένα μέσσον ἔλασσε·
φθεγγομένου δ᾽ ἄρα τοῦ γε κάρη κονίῃσιν ἐμίχθη.

τῷ τόν γε κατ᾽ αὐχένα μέσσον ἔλασσε

| | | |
|---|---|---|
| ἐπεσσύμενος η ον rushing, charging; *cf. 310* | αἴδομαι = αἰδέομαι respect, feel regard for | ἐφέπω meet with, face |
| ἐπιστροφάδην turning this way and that | ἐλεέω have pity on, show mercy to | θυοσκόος, ὁ one who inspects sacrificial victims, diviner (2a); *cf. 321* |
| στόνος, ὁ groaning (2a) | ἀτάσθαλος ον wicked  316 | |
| ὄρνυμαι arise | κακῶν ἄπο = ἀπὸ κακῶν | ἐοργώς *perf. part. of* ἔρδω do |
| *\* ἀεικής ές unseemly, shameful; horrible | ἔχομαι keep from | κείσομαι I shall lie *i.e.* dead |
| θύω rage, seethe | ἀτασθαλία, ἡ (*always pl. in Homer*) wickedness (1b) | μετόπισθε in the future, afterwards |
| 312 γουνόομαι implore, entreat | πότμος, ὁ destiny, death (2a) | |

εὐεργέα, τά  benefits,
  services (3)
320: cf. 60
πολλάκι = πολλάκις
μέλλω  be likely to
ἀράομαι (perf. inf. act.
  ἀρήμεναι) pray
τηλοῦ  far away
νόστος, ὁ  return
  home (2a)

τέλος, τό  fulfilment,
  accomplishment (3c)
γλυκερός ά όν  sweet
σπέσθαι   aor. inf. of
  ἕπομαι
τεκέσθαι   aor. mid. inf.
  of τίκτω
325  δυσηλεγής ές  bitter,
  cruel
προφεύγω  escape,
  avoid

παχύς εῖα ύ  thick,
  stout
ἀποπροΐημι  drop
αὐχήν (αὐχεν-), ὁ
  neck, throat (3a)
μέσσος η ον  middle,
  the middle of
κόνις, ἡ  dust (3e)
μείγνυμι (aor. pass. ἐμί-
  χθην)  mix; (here in
  pass.) roll

**330–60** Phemios the bard, uncertain whether to take refuge at the
altar of Zeus in the courtyard or supplicate Odysseus, takes
the latter course. Telemakhos hears him and advises his
father to spare him, and Medon the herald too.

Τερπιάδης δ᾽ ἔτ᾽ ἀοιδὸς ἀλύσκανε κῆρα μέλαιναν,        330
Φήμιος, ὅς ῥ᾽ ἤειδε μετὰ μνηστῆρσιν ἀνάγκῃ.
ἔστη δ᾽ ἐν χείρεσσιν ἔχων φόρμιγγα λίγειαν
ἄγχι παρ᾽ ὀρσοθύρην· δίχα δὲ φρεσὶ μερμήριζεν,
ἢ ἐκδὺς μεγάροιο Διὸς μεγάλου ποτὶ βωμὸν
ἑρκείου ἵζοιτο τετυγμένον, ἔνθ᾽ ἄρα πολλὰ        335
Λαέρτης Ὀδυσεύς τε βοῶν ἐπὶ μηρί᾽ ἔκηαν,
ἢ γούνων λίσσοιτο προσαΐξας Ὀδυσῆα.

Φήμιος, ὅς ῥ᾽ ἤειδε μετὰ μνηστῆρσιν ἀνάγκῃ

ὧδε δέ οἱ φρονέοντι δοάσσατο κέρδιον εἶναι,
γούνων ἅψασθαι Λαερτιάδεω Ὀδυσῆος.
ἦ τοι ὁ φόρμιγγα γλαφυρὴν κατέθηκε χαμᾶζε          340
μεσσηγὺς κρητῆρος ἰδὲ θρόνου ἀργυροήλου,
αὐτὸς δ' αὖτ' Ὀδυσῆα προσαΐξας λάβε γούνων,
καί μιν λισσόμενος ἔπεα πτερόεντα προσηύδα·
"γουνοῦμαί σ', Ὀδυσεῦ· σὺ δέ μ' αἴδεο καί μ' ἐλέησον·
αὐτῷ τοι μετόπισθ' ἄχος ἔσσεται, εἴ κεν ἀοιδὸν     345
πέφνῃς, ὅς τε θεοῖσι καὶ ἀνθρώποισιν ἀείδω.
αὐτοδίδακτος δ' εἰμί, θεὸς δέ μοι ἐν φρεσὶν οἴμας
παντοίας ἐνέφυσεν· ἔοικα δέ τοι παραείδειν
ὥς τε θεῷ· τῷ μή με λιλαίεο δειροτομῆσαι.
καί κεν Τηλέμαχος τάδε γ' εἴποι, σὸς φίλος υἱός,    350
ὡς ἐγὼ οὔ τι ἑκὼν ἐς σὸν δόμον οὐδὲ χατίζων
πωλεύμην μνηστῆρσιν ἀεισόμενος μετὰ δαῖτας,
ἀλλὰ πολὺ πλέονες καὶ κρείσσονες ἦγον ἀνάγκῃ."
    Ὣς φάτο, τοῦ δ' ἤκουσ' ἱερὴ ἲς Τηλεμάχοιο,
αἶψα δ' ἑὸν πατέρα προσεφώνεεν ἐγγὺς ἐόντα·        355
"ἴσχεο μηδέ τι τοῦτον ἀναίτιον οὔτᾳε χαλκῷ·
καὶ κήρυκα Μέδοντα σαώσομεν, ὅς τέ μευ αἰεὶ
οἴκῳ ἐν ἡμετέρῳ κηδέσκετο παιδὸς ἐόντος,
εἰ δὴ μή μιν ἔπεφνε Φιλοίτιος ἠὲ συβώτης,
ἠὲ σοὶ ἀντεβόλησεν ὀρινομένῳ κατὰ δῶμα."           360

---

330  Τερπιάδης, ὁ  son of
       Terpis *or* Terpios
       ('Delight'), *i.e.* Phe-
       mios (*1d*)
     *ἀοιδός, ὁ  singer, bard
       (*2a*)
       ἀλύσκανε  tried to
       escape (ἀλύσκω flee,
       escape)
       Φήμιος, ὁ  Phemios
       (*2a*)
       λιγύς εῖα ύ  clear,
       clear-toned
       ὀρσοθύρη, ἡ  side-
       door (*meaning un-
       certain*) (*1a*)

       δίχα  in two; two
         ways, at variance
       μερμηρίζω  be in
         doubt, debate anx-
         iously
       ἐκδύω (*in aor. form*
         ἐξέδυν, *part.* ἐκδύς)
         go, get out of
335    ἑρκεῖος ον  of the front
         court
       ἵζομαι  sit
       τετυγμένος η ον (*perf.
         pass. part. of* τεύχω)
         well-made
       ἐπί ... ἔκηαν  3rd pl.
         aor. of ἐπικαίω burn
         (on an altar)

       μηρία, τά  thigh-
         bones (*2b*)
     *προαΐσσω  rush to
       δοάσσατο = ἔδοξε it
         seemed
       κερδίων ον  more
         profitable
340    γλαφυρός ά όν  hollow
       μεσσηγύς (+*gen.*)
         between
       κρητήρ (κρητηρ-), ὁ
         mixing bowl (*3a*)
       ἀργυρόηλος ον  silver-
         studded
       344: *cf.* 312
345    μετόπισθε  in future,
         afterwards

πέφνῃς 2nd s. aor.
subj. of ἔπεφνον (no
pres.) killed, slew
αὐτοδίδακτος ον self-
taught
οἴμη, ἡ song, way of
song (1a)
παντοῖος α ον of
every kind
ἐμφύω plant in, im-
plant
ἔοικα seem; be fit
to

παραείδω sing be-
side, sing to (+dat.)
λιλαίομαι desire
earnestly, long
δειροτομέω cut
(someone's) throat
351 χατίζω have need of,
be in want
πωλεῦμαι frequent,
go often
355 προσφωνέω address
*ἴσχεο mid. imper. of
ἴσχω, tr. restrain
yourself

Μέδων (Μεδοντ-), ὁ
Medon (3a)
σαόω save from death
κήδομαι care for
(+gen.)
ἔπεφνον (no. pres.)
killed, slew
360 ἀντιβολέω meet
(+dat.)
ὀρινομένῳ pres. mid.
part of ὀρίνω stir,
excite; tr. angrily
prowling

**361–80** Medon, who has been crouching under a chair with an
ox-hide over him, hears Telemakhos and appeals for mercy.
Odysseus spares both Phemios and Medon, sending them
outside, where they take refuge at the altar of Zeus.

Ὣς φάτο, τοῦ δ' ἤκουσε Μέδων πεπνυμένα εἰδώς·
πεπτηὼς γὰρ ἔκειτο ὑπὸ θρόνον, ἀμφὶ δὲ δέρμα
ἕστο βοὸς νεόδαρτον, ἀλύσκων κῆρα μέλαιναν.
αἶψα δ' ὑπὸ θρόνου ὦρτο, βοὸς δ' ἀπέδυνε βοείην,
Τηλέμαχον δ' ἄρ' ἔπειτα προσαΐξας λάβε γούνων,     365
καί μιν λισσόμενος ἔπεα πτερόεντα προσηύδα·
"ὦ φίλ', ἐγὼ μὲν ὅδ' εἰμί, σὺ δ' ἴσχεο· εἰπὲ δὲ πατρὶ
μή με περισθενέων δηλήσεται ὀξέϊ χαλκῷ,
ἀνδρῶν μνηστήρων κεχολωμένος, οἳ οἱ ἔκειρον
κτήματ' ἐνὶ μεγάρῳ, σὲ δὲ νήπιοι οὐδὲν ἔτιον."     370
Τὸν δ' ἐπιμειδήσας προσέφη πολύμητις Ὀδυσσεύς·
"θάρσει, ἐπεὶ δή σ' οὗτος ἐρύσατο καὶ ἐσάωσεν,
ὄφρα γνῷς κατὰ θυμόν, ἀτὰρ εἴπῃσθα καὶ ἄλλῳ,
ὡς κακοεργίης εὐεργεσίη μέγ' ἀμείνων.
ἀλλ' ἐξελθόντες μεγάρων ἕζεσθε θύραζε     375
ἐκ φόνου εἰς αὐλήν, σύ τε καὶ πολύφημος ἀοιδός,
ὄφρ' ἂν ἐγὼ κατὰ δῶμα πονήσομαι ὅττεό με χρή."
Ὣς φάτο, τὼ δ' ἔξω βήτην μεγάροιο κιόντε,
ἑζέσθην δ' ἄρα τώ γε Διὸς μεγάλου ποτὶ βωμόν,
πάντοσε παπταίνοντε, φόνον ποτιδεγμένω αἰεί.     380

πτήσσω (perf. part.
 πεπτηώς) crouch,
 cower
ἀμφί... ἕστο plup.
 mid. of ἀμφιέννυμι
 put on; (mid.) clothe
 oneself in
νεόδαρτος ον newly
 flayed
* ἀλύσκω flee from, es-
 cape
364 ὑπό (+gen.) from
 under
ὦρτο 3rd s. aor. of
 ὄρνυμαι stir oneself,
 arise
ἀποδύνω strip off
βοείη, ἡ ox-hide (1b)
366: cf. 343

περισθενέω be very
 strong
δηλέομαι hurt
κείρω cut short; con-
 sume, waste
370 * τίω honour, respect
ἐπιμειδάω smile at
θαρσέω be of good
 courage
ἐρύομαι protect,
 rescue
σαόω save from death
γνῶς 2nd s. aor. subj.
 of γιγνώσκω
κακοεργίη, ἡ wicked-
 ness (1b)
376 πολύφημος ον having
 many songs
πονέομαι (aor. subj.

πονήσομαι) work
 hard at, labour
 over
ὅττεο gen. s. n. of
 ὅστις
βήτην dual aor. of
 βαίνω
κίοντε dual pres. part.
 of κίω go
ἐζέσθην dual aor. of
 ἕζομαι
380 πάντοσε in all direc-
 tions
παπταίνοντε dual pres.
 part. of παπταίνω
 look around
ποτιδεγμένω dual pres.
 part. of προσδέχομαι
 expect

**381–400** *Odysseus surveys the scene of slaughter: the suitors lie
dead like a catch of fish. He tells Telemakhos to summon
Eurykleia, and she is brought into the hall.*

Πάπτηνεν δ' Ὀδυσεὺς καθ' ἑὸν δόμον, εἴ τις ἔτ' ἀνδρῶν
ζωὸς ὑποκλοπέοιτο, ἀλύσκων κῆρα μέλαιναν.
τοὺς δὲ ἴδεν μάλα πάντας ἐν αἵματι καὶ κονίῃσι
πεπτεῶτας πολλούς, ὥς τ' ἰχθύας, οὕς θ' ἁλιῆες
κοῖλον ἐς αἰγιαλὸν πολιῆς ἔκτοσθε θαλάσσης                385
δικτύῳ ἐξέρυσαν πολυωπῷ· οἱ δέ τε πάντες
κύμαθ' ἁλὸς ποθέοντες ἐπὶ ψαμάθοισι κέχυνται·
τῶν μέν τ' Ἠέλιος φαέθων ἐξείλετο θυμόν·
ὡς τότ' ἄρα μνηστῆρες ἐπ' ἀλλήλοισι κέχυντο·
δὴ τότε Τηλέμαχον προσέφη πολύμητις Ὀδυσσεύς·              390
"Τηλέμαχ', εἰ δ' ἄγε μοι κάλεσον τροφὸν Εὐρύκλειαν,
ὄφρα ἔπος εἴπωμι τό μοι καταθύμιόν ἐστιν."
   Ὣς φάτο, Τηλέμαχος δὲ φίλῳ ἐπεπείθετο πατρί,
κινήσας δὲ θύρην προσέφη τροφὸν Εὐρύκλειαν·
"δεῦρο δὴ ὄρσο, γρηῦ παλαιγενές, ἥ τε γυναικῶν              395
δμῳάων σκοπός ἐσσι κατὰ μέγαρ' ἡμετεράων·
ἔρχεο· κικλήσκει σε πατὴρ ἐμός, ὄφρα τι εἴπῃ."

Ὣς ἄρ' ἐφώνησεν, τῇ δ' ἄπτερος ἔπλετο μῦθος,
ὤϊξεν δὲ θύρας μεγάρων εὖ ναιεταόντων,
βῆ δ' ἴμεν· αὐτὰρ Τηλέμαχος πρόσθ' ἡγεμόνευεν.　　　400

παπταίνω (*aor.* ἐπάπ
τηνα) look around
ὑποκλοπέομαι lurk in
secret places
κονίς, ἡ dust (*3e*)
πεπτεῶτας *perf. part.*
of πίπτω
ἰχθύς, ὁ fish (*3h*)
ἁλιεύς, ὁ fisherman
(*3g*)
385　κοῖλος η ον hollow,
curved, of a bay
αἰγιαλός, ὁ shore,
beach (*2a*)
πολιός (ά) όν grey
ἔκτοσθε (+*gen.*)
outside, out from
δίκτυον, τό net
(*2b*)
ἐξερύω drag out,
draw out

πολυωπός όν with
many holes
κῦμα (κυματ-), τό
wave (*3b*)
ἅλς (ἁλ-), ἡ sea (*3a*)
ποθέω long for
ψάμαθος, ἡ sand (*2a*)
κέχυνται *perf. pass.* of
χέω pour out
'Ηέλιος, ὁ Helios, the
sun (*2a*)
φαέθων ουσα ον
shining
ἐξαιρέομαι take X
(*acc.*) from Y (*gen.*),
bereave
389　κέχυντο *plup. pass.* of
χέω pour out
καταθύμιος α ον on
the mind, in the
thoughts
*393:* cf. 108

395

400

κινέω move, open
ὄρσο *aor. imper.* of
ὄρνυμαι arise; *tr.* get
up and come
* γρηῦς (*voc.* γρηΰ) =
γραῦς, ἡ old
woman (*3*)
παλαιγενής ές born
long ago
* δμῳή, ἡ female slave
(*1a*)
σκοπός, ἡ female
overseer, housekeeper (*2a*)
κικλήσκω call,
summon
*398:* cf. *21.386*
*399:* see *21.387*
οἴγω (*aor.* ὤϊξα) open
ἡγεμονεύω lead the
way

**401–32** *At the sight of Odysseus among the blood and corpses,*
*Eurykleia begins to raise a cry of triumph but is restrained*
*by Odysseus, who instructs her to assemble the women. She*
*informs him that twelve out of his fifty female slaves have*
*proved disloyal. She also wishes to wake Penelope, but*
*Odysseus will deal with the women first.*

εὗρεν ἔπειτ' 'Οδυσῆα μετὰ κταμένοισι νέκυσσιν,
αἵματι καὶ λύθρῳ πεπαλαγμένον ὥς τε λέοντα,
ὅς ῥά τε βεβρωκὼς βοὸς ἔρχεται ἀγραύλοιο·
πᾶν δ' ἄρα οἱ στῆθός τε παρήϊά τ' ἀμφοτέρωθεν
αἱματόεντα πέλει, δεινὸς δ' εἰς ὦπα ἰδέσθαι·　　　405
ὣς 'Οδυσεὺς πεπάλακτο πόδας καὶ χεῖρας ὕπερθεν·
ἡ δ' ὡς οὖν νέκυάς τε καὶ ἄσπετον ἔσιδεν αἷμα,
ἴθυσέν ῥ' ὀλολύξαι, ἐπεὶ μέγα ἔσιδεν ἔργον·

ἀλλ' Ὀδυσεὺς κατέρυκε καὶ ἔσχεθεν ἱεμένην περ,
καί μιν φωνήσας ἔπεα πτερόεντα προσηύδα·    410
"ἐν θυμῷ, γρηῦ, χαῖρε καὶ ἴσχεο μηδ' ὀλόλυζε·
οὐχ ὁσίη κταμένοισιν ἐπ' ἀνδράσιν εὐχετάασθαι.
τούσδε δὲ μοῖρ' ἐδάμασσε θεῶν καὶ σχέτλια ἔργα·
οὔ τινα γὰρ τίεσκον ἐπιχθονίων ἀνθρώπων,
οὐ κακὸν οὐδὲ μὲν ἐσθλόν, ὅτις σφέας εἰσαφίκοιτο·    415
τῷ καὶ ἀτασθαλίῃσιν ἀεικέα πότμον ἐπέσπον.
ἀλλ' ἄγε μοι σὺ γυναῖκας ἐνὶ μεγάροις κατάλεξον,
αἵ τέ μ' ἀτιμάζουσι καὶ αἳ νηλίτιδές εἰσιν."
Τὸν δ' αὖτε προσέειπε φίλη τροφὸς Εὐρύκλεια·
"τοιγὰρ ἐγώ τοι, τέκνον, ἀληθείην καταλέξω.    420
πεντήκοντά τοί εἰσιν ἐνὶ μεγάροισι γυναῖκες
δμωαί, τὰς μὲν ἔργα διδάξαμεν ἐργάζεσθαι,
εἴριά τε ξαίνειν καὶ δουλοσύνην ἀνέχεσθαι·
τάων δώδεκα πᾶσαι ἀναιδείης ἐπέβησαν,
οὔτ' ἐμὲ τίουσαι οὔτ' αὐτὴν Πηνελόπειαν.    425
Τηλέμαχος δὲ νέον μὲν ἀέξετο, οὐδέ ἑ μήτηρ
σημαίνειν εἴασκεν ἐπὶ δμῳῆσι γυναιξίν.
ἀλλ' ἄγ' ἐγὼν ἀναβᾶσ' ὑπερώϊα σιγαλόεντα
εἴπω σῇ ἀλόχῳ, τῇ τις θεὸς ὕπνον ἐπῶρσε."
Τὴν δ' ἀπαμειβόμενος προσέφη πολύμητις Ὀδυσσεύς·
"μή πω τήνδ' ἐπέγειρε· σὺ δ' ἐνθάδε εἰπὲ γυναιξὶν    431
ἐλθέμεν, αἵ περ πρόσθεν ἀεικέα μηχανόωντο."

---

εὗρεν aor. of εὑρίσκω    405
κτάμενος η ον (aor. pass.
  part of κτείνω)
  slaughtered; *cf. 412*
λύθρον, τό gore,
  clotted blood (2b)
λέων (λεοντ-), ὁ lion
  (3a)
βιβρώσκω (perf. part.
  βεβρωκώς) eat of
  (+gen.)
ἄγραυλος ον dwelling
  in the fields
παρήϊον, τό cheek
  (2b)
ἀμφοτέρωθεν on both
  sides    412

αἱματόεις εσσα εν
  stained with blood
ὤψ (ὠπ-), ἡ face
  (3a)
εἰς ὦπα ἰδέσθαι to
  look in the face
ὕπερθεν above
ἄσπετος ον immea-
  surable, endless
ἰθύω be eager to
ὀλολύζω cry out in
  triumph; *cf. 411*    415
κατερύκω hold back
ἔσχεθεν aor. of ἔχω
  restrain
ἵεμαι be eager
ὁσίη, ἡ divine law

(1b); οὐχ ὁσίη it is
  not lawful
εὐχετάομαι boast,
  exult
δαμάζω subdue,
  overpower
σχέτλιος α ον wicked,
  cruel, shocking
ἐπιχθόνιος ον on
  earth
εἰσαφικνέομαι come
  to, visit, run into
416: *cf. 317*
νηλίτις(νηλιτιδ-) guilt-
  less
τοιγάρ therefore, well    420
  then

καταλέγω disclose, recount

εἴριον, τό wool (2b)

ξαίνω comb, card

δουλοσύνη, ἡ slavery (1a)

ἀνέχομαι bear with, endure

τάων = τῶν of them

πᾶς πᾶσα πᾶν (here) in all

426

ἀναιδείη, ἡ shameless-ness (1b)

ἐπιβαίνω (+gen.) set foot on, tread the path of

νέον recently, lately, just

ἀέξομαι grow up

εἴασκεν (impf. of ἐάω) allow

σημαίνω give orders

431

ἐγών = ἐγώ

ὑπερώϊον, τό upper storey (2b), i.e. Penelope's quarters

σιγαλόεις εσσα εν glittering

ἐπόρνυμι (aor. ἐπῶρσα) stir up; send upon

ἐπεγείρω awaken

**433-77** *Odysseus gives instructions for the purification of the hall. Under his supervision the disloyal female slaves carry out the corpses, clean the furniture and carry away what Telemakhos, Philoitios and Eumaios scrape from the floor. Telemakhos then hangs the disloyal slave women in the courtyard and Melanthios is brought out and mutilated.*

Ὣς ἄρ᾽ ἔφη, γρηῢς δὲ διὲκ μεγάροιο βεβήκει
ἀγγελέουσα γυναιξὶ καὶ ὀτρυνέουσα νέεσθαι.
αὐτὰρ ὁ Τηλέμαχον καὶ βουκόλον ἠδὲ συβώτην    435
εἰς ἓ καλεσσάμενος ἔπεα πτερόεντα προσηύδα·
"ἄρχετε νῦν νέκυας φορέειν καὶ ἄνωχθε γυναῖκας·
αὐτὰρ ἔπειτα θρόνους περικαλλέας ἠδὲ τραπέζας
ὕδατι καὶ σπόγγοισι πολυτρήτοισι καθαίρειν.
αὐτὰρ ἐπὴν δὴ πάντα δόμον κατακοσμήσησθε,    440
δμῳὰς ἐξαγαγόντες ἐϋσταθέος μεγάροιο,
μεσσηγύς τε θόλου καὶ ἀμύμονος ἕρκεος αὐλῆς,
θεινέμεναι ξίφεσιν τανυήκεσιν, εἰς ὅ κε πασέων
ψυχὰς ἐξαφέλησθε, καὶ ἐκλελάθωντ᾽ Ἀφροδίτης,
τὴν ἄρ᾽ ὑπὸ μνηστῆρσιν ἔχον μίσγοντό τε λάθρῃ."    445
Ὣς ἔφαθ᾽, αἱ δὲ γυναῖκες ἀολλέες ἦλθον ἅπασαι,
αἴν᾽ ὀλοφυρόμεναι, θαλερὸν κατὰ δάκρυ χέουσαι.
πρῶτα μὲν οὖν νέκυας φόρεον κατατεθνηῶτας,
κὰδ δ᾽ ἄρ᾽ ὑπ᾽ αἰθούσῃ τίθεσαν εὐερκέος αὐλῆς,
ἀλλήλοισιν ἐρείδουσαι· σήμαινε δ᾽ Ὀδυσσεὺς    450
αὐτὸς ἐπισπέρχων· ταὶ δ᾽ ἐκφόρεον καὶ ἀνάγκη.
αὐτὰρ ἔπειτα θρόνους περικαλλέας ἠδὲ τραπέζας

Τηλέμαχος καὶ βουκόλος ἠδὲ συβώτης

ὕδατι καὶ σπόγγοισι πολυτρήτοισι κάθαιρον.
αὐτὰρ Τηλέμαχος καὶ βουκόλος ἠδὲ συβώτης
λίστροισιν δάπεδον πύκα ποιητοῖο δόμοιο                    455
ξῦον· ταὶ δ' ἐφόρεον δμῳαί, τίθεσαν δὲ θύραζε.
αὐτὰρ ἐπεὶ δὴ πᾶν μέγαρον διεκοσμήσαντο,
δμῳὰς δ' ἐξαγαγόντες ἐϋσταθέος μεγάροιο,
μεσσηγύς τε θόλου καὶ ἀμύμονος ἕρκεος αὐλῆς,
εἴλεον ἐν στείνει, ὅθεν οὔ πως ἦεν ἀλύξαι.              460
τοῖσι δὲ Τηλέμαχος πεπνυμένος ἄρχ' ἀγορεύειν·
"μὴ μὲν δὴ καθαρῷ θανάτῳ ἀπὸ θυμὸν ἐλοίμην
τάων, αἳ δὴ ἐμῇ κεφαλῇ κατ' ὀνείδεα χεῦαν
μητέρι θ' ἡμετέρῃ παρά τε μνηστῆρσιν ἴαυον."

Ὣς ἄρ' ἔφη, καὶ πεῖσμα νεὸς κυανοπρῴροιο          465
κίονος ἐξάψας μεγάλης περίβαλλε θόλοιο,
ὑψόσ' ἐπεντανύσας, μή τις ποσὶν οὖδας ἵκοιτο.
ὡς δ' ὅτ' ἂν ἢ κίχλαι τανυσίπτεροι ἠὲ πέλειαι
ἕρκει ἐνιπλήξωσι, τό θ' ἑστήκῃ ἐνὶ θάμνῳ,
αὖλιν ἐσιέμεναι, στυγερὸς δ' ὑπεδέξατο κοῖτος,   470
ὣς αἵ γ' ἑξείης κεφαλὰς ἔχον, ἀμφὶ δὲ πάσαις
δειρῇσι βρόχοι ἦσαν, ὅπως οἴκτιστα θάνοιεν.
ἄσπαιρον δὲ πόδεσσι μίνυνθά περ, οὔ τι μάλα δήν.

Ἐκ δὲ Μελάνθιον ἦγον ἀνὰ πρόθυρόν τε καὶ αὐλήν·
τοῦ δ' ἀπὸ μὲν ῥῖνάς τε καὶ οὔατα νηλέϊ χαλκῷ     475
τάμνον, μήδεά τ' ἐξέρυσαν, κυσὶν ὠμὰ δάσασθαι,
χεῖράς τ' ἠδὲ πόδας κόπτον κεκοτηότι θυμῷ.

διέκ (+gen.) out through

434 ἀγγέλλω (fut. ἀγγελέω) take a message, bear news

ὀτρύνω (fut. ὀτρυνέω) urge, stir

νέομαι come, go

ἄνωχθε 2nd pl. imper. of ἄνωγα order

περικαλλής ές very beautiful

σπόγγος, ὁ sponge (2a)

πολύτρητος ον full of holes, porous

440 κατακοσμέω set in order

μεσσηγύς (+gen.) between

θόλος, ἡ round-house (2a)

ἀμύμων ον blameless, excellent

ἕρκος, τό fence, wall (3c)

θείνω (θεινέμεναι inf. used as imper.) strike; kill

τανυήκης ες with long edge, long-bladed

εἰς ὅ until

ἐξαφαιρέω take away

ἐκλανθάνομαι (+gen.) forget completely

445 ὑπό (+dat.) under/ under the orders of

ἔχω (here) worship or perform (Aphrodite as goddess or figuratively, 'sex')

μίσγομαι have intercourse

λάθρῃ in secret

ἀολλής ές all together, in a crowd, huddling together

αἰνά terribly

θαλερός ή όν stout, big; copious

καταχέω (pres. part. κατά ... χέουσαι) shed

δάκρυ, τό tear (3f)

πρῶτα firstly

κατατεθνηῶτας perf. part. of καταθνήσκω die away, in perf. be dead

κάδ ... τίθεσαν 3rd pl. impf. of κατατίθημι put down

αἴθουσα, ἡ portico (1c)

εὐερκής ές well-fenced, well-walled

450 ἐρείδω prop up; pile against

σημαίνω give orders

ἐπισπέρχω urge on

ἐκφορέω carry out

452: cf. 438

453: see 439

455 λίστρον, τό shovel (2b)

πύκα solidly

ποιητός ή όν made

ξύω scrape

διακοσμέω set in order

458: see 441

459: cf. 442

460 εἰλέω shut in

στεῖνος, τό narrow or confined space (3c)

ἦεν = ἦν it was possible

καθαρός ά όν clean, pure

ἀπό ... ἑλοίμην *aor.*
  *opt. of* ἀφαιρέομαι
  take X (*acc.*) from Y
  (*gen.*)
τάων = τῶν
κατά ... χεῦαν *aor.*
  *of* καταχέω pour X
  (*acc.*) down on Y
  (*dat.*)
ὀνείδος, τό reproach
  (*3c*)
ἰαύω sleep, spend the
  night
465 πεῖσμα (πεισματ-), τό
  cable (*3b*)
νεός *gen. s. of* ναῦς
κυανόπρῳρος ον dark-
  prowed
ἐξάπτω fasten X (*acc.*)
  to Y (*gen.*)
περιβάλλω throw
  around
θόλος, ἡ round-house
  (*2a*)
ὑψόσε high up

ἐπεντανύω tie tight,
  make fast
οὖδας, τό ground (*3*)
κίχλη, ἡ thrush (*1a*)
τανυσίπτερος ον long-
  winged
πέλεια, ἡ dove,
  pigeon (*1b*)
ἕρκος, τό net (*3c*)
ἐνιπλήσσω strike
  against, fly into
ἑστήκῃ *perf. subj. of*
  ἵσταμαι be set up
θάμνος, ὁ bush,
  thicket (*2a*)
470 αὖλις (αὖλιδ-, *acc.*
  αὖλιν), ἡ tent;
  roost (*3a*)
εἰσίεμαι make one's
  way to
στυγερός ά όν hateful
κοῖτος, ὁ resting-
  place (*2a*)
ἐξείης in a row
δειρή, ἡ neck (*1b*)
βρόχος, ὁ noose (*2a*)

οἴκτιστα most piti-
  ably
ἀσπαίρω gasp, strug-
  gle
μίνυνθα for a short
  time
δήν for long
ἐκ ... ἦγον *impf. of*
  ἐξάγω bring out
προθύρον, τό front
  door (*2b*)
475 ἀπό ... τάμνον *aor.*
  *of* ἀποτέμνω cut off
οὖς (ὠτ- *or* οὐατ-),
  τό ear (*3b*)
νηλής ές pitiless,
  ruthless
μήδεα, τά genitals (*3c*)
ἐξερύω tear out
ὠμός ή όν raw
δατέομαι (δασ-)
  divide, tear to pieces
κόπτω (*here*) cut off
κεκοτηώς *perf. part. of*
  κοτέω be angry

**478–501** *After the hall has been fumigated with sulphur, Odysseus is
given an emotional greeting by the loyal women slaves.*

Οἱ μὲν ἔπειτ' ἀπονιψάμενοι χεῖράς τε πόδας τε
εἰς Ὀδυσῆα δόμονδε κίον, τετέλεστο δὲ ἔργον·
αὐτὰρ ὅ γε προσέειπε φίλην τροφὸν Εὐρύκλειαν·            480
"οἶσε θέειον, γρηῦ, κακῶν ἄκος, οἶσε δέ μοι πῦρ,
ὄφρα θεειώσω μέγαρον· σὺ δὲ Πηνελόπειαν
ἐλθεῖν ἐνθάδ' ἄνωχθι σὺν ἀμφιπόλοισι γυναιξί·
πάσας δ' ὄτρυνον δμῳὰς κατὰ δῶμα νέεσθαι."
    Τὸν δ' αὖτε προσέειπε φίλη τροφὸς Εὐρύκλεια·            485
"ναὶ δὴ ταῦτά γε, τέκνον ἐμόν, κατὰ μοῖραν ἔειπες.
ἀλλ' ἄγε τοι χλαῖνάν τε χιτῶνά τε εἵματ' ἐνείκω,
μηδ' οὕτω ῥάκεσιν πεπυκασμένος εὐρέας ὤμους
ἕσταθ' ἐνὶ μεγάροισι· νεμεσσητὸν δέ κεν εἴη."
    Τὴν δ' ἀπαμειβόμενος προσέφη πολύμητις Ὀδυσσεύς·

σὺ δὲ Πηνελόπειαν
ἐλθεῖν ἐνθάδ᾽ ἄνωχθι σὺν ἀμφιπόλοισι γυναιξί

"πῦρ νῦν μοι πρώτιστον ἐνὶ μεγάροισι γενέσθω."        491
  Ὣς ἔφατ᾽, οὐδ᾽ ἀπίθησε φίλη τροφὸς Εὐρύκλεια,
ἤνεικεν δ᾽ ἄρα πῦρ καὶ θήϊον. αὐτὰρ Ὀδυσσεὺς
εὖ διεθείωσεν μέγαρον καὶ δῶμα καὶ αὐλήν.
  Γρηῢς δ᾽ αὖτ᾽ ἀπέβη διὰ δώματα κάλ᾽ Ὀδυσῆος        495
ἀγγελέουσα γυναιξὶ καὶ ὀτρυνέουσα νέεσθαι·
αἱ δ᾽ ἴσαν ἐκ μεγάροιο δάος μετὰ χερσὶν ἔχουσαι.
αἱ μὲν ἄρ᾽ ἀμφεχέοντο καὶ ἠσπάζοντ᾽ Ὀδυσῆα,
καὶ κύνεον ἀγαπαζόμεναι κεφαλήν τε καὶ ὤμους
χεῖράς τ᾽ αἰνύμεναι· τὸν δὲ γλυκὺς ἵμερος ᾕρει       500
κλαυθμοῦ καὶ στοναχῆς, γίγνωσκε δ᾽ ἄρα φρεσὶ πάσας.

ἀπονίζω  wash (off)
κίω  go
τελέω (*plup. pass.* τετέ-
  λεστο) accomplish
481 οἶσε  *aor. imper.* of
  φέρω
θέειον, τό  sulphur (2b)
ἄκος, τό  cure, remedy
  (3c)
θεειόω  fumigate
ἄνωχθι  2nd s. imper. of
  ἄνωγα  order, convey
  orders to
ὀτρύνω  urge
νέομαι  come, go
485; *cf. 419*
486 κατὰ μοῖραν  to the
  point

χιτών (χιτων-), ὁ
  tunic (3a)
ἐνείκω  aor. subj. of
  φέρω
ῥάκος, τό  ragged gar-
  ment, rag (3c)
πυκάζω  cover over
ἔσταθι  2nd s. imp. of
  ἔστηκα, perf. with
  pres. meaning stand
νεμεσσητός ή όν
  causing indignation,
  worthy of indig-
  nation
490: *cf. 430*
491 πρώτιστον  first of all
ἀπιθέω  disobey
θήϊον = θέειον, τό  sul-
  phur (2b)

494 διαθειόω  fumigate
  thoroughly
496: *cf. 434*
ἴσαν  3rd pl. impf. of
  εἶμι go, come
δάος, τό  torch (3c)
ἀμφιχέω  pour
  around, embrace
κυνέω  kiss
ἀγαπάζομαι  show
  affection, caress
500 αἴνυμαι  take hold of,
  touch
ἵμερος, ὁ  longing, de-
  sire (2a)
κλαυθμός, ὁ  weeping
  (2a)
στοναχή, ἡ  groaning
  (1a)

# LEARNING VOCABULARY

## A

ἆ exclamation expressing pity, contempt etc. *21.86*

ἀγαυός ή όν noble, illustrious *21.58*

ἄγχι (+gen.) near *21.433*

ἀέθλιον, τό contest, prize; equipment for contest (2b) *21.4*

ἄεθλον, τό contest, prize (2b) *21.73*

ἀεικής ές unseemly, shameful, horrible *22.308*

αἲ γάρ = εἰ γάρ if only, I wish that..., may..., would that... *21.372*

αἰδέομαι (αἰδεσ-) respect, feel awe in front of *21.28*

αἴ κε = εἴ κε = ἐάν if *21.305*

αἷμα (αἱματ-), τό blood (3b) *22.19*

αἴξ (αἰγ-), ὁ, ἡ goat (3a) *21.175*

αἰπόλος, ὁ goatherd (2a) *21.175*

αἰπύς εῖα ύ sheer, utter *22.28*

ἀΐσσω rush, spring *22.90*

αἶψα at once *21.181*

ἄκοιτις, ἡ wife (3e) *21.316*

ἀκοντίζω throw a spear *22.252*

ἄλγος, τό sorrow (3c) *21.88*

ἀλκή, ἡ strength, prowess, capacity to help (1a) *22.226*

ἄλκιμος ον strong *21.34*

ἄλλως otherwise, for another reason *21.87*

ἄλοχος, ἡ wife (2a) *21.214*

ἀλύσκω flee from, escape *22.363*

ἁμαρτάνω (aor. ἤμβροτον) make a mistake, err, miss (+gen.) *21.421*

ἀμύνω defend, fight for *21.195*

ἀμφί (+acc.) around, about *22.115*

ἄμφω both *21.188*

ἀναΐσσω leap up *21.119*

ἀντίον against, in reply *21.320*

ἄνωγα order *21.80*

ἀοιδός, ὁ singer, bard (2a) *22.330*

ἀπαμείβομαι answer *22.105*

ἀποτίνω pay back, pay for *22.64*

ἀποχέω pour out, spill *22.20*

ἀραρώς υῖα ός closely fitting *22.102*

ἀριστεύς, ὁ chief (3g) *21.153*

ἀτιμάω dishonour *21.99*

αὖθ' = αὖτε again, furthermore; on the other hand *21.22*

αὖθι there, at once *21.55*

αὖτις = αὖθις *21.130*

αὐτόθι here, there *21.90*

αὐτοῦ here, there *21.40*

αὔτως thus, even so *21.203*

ἄφρων (ἀφρον-) without sense, foolish *21.102*

Ἀχαιΐς (Ἀχαιΐδ-), ἡ Akhaian woman, Greek (3a) *21.160*

ἄχνυμαι grieve *21.115*

ἄχος, τό pain, distress, anger (3c) *21.249*

## B

βέλος, τό missile, arrow (3c) *21.138*

βίη, ἡ force, strength, effort (1b) *21.126*

βιός, ὁ bow (2a) *21.75*

βλάπτω harm *21.294*

βουκόλος, ὁ herdsman (2a) *21.83*

βοῦς (βο(υ)-), ὁ ox (3) *21.199*

## Γ

γρηΰς = γραῦς old woman (3) *22.395*

## Δ

δαίνυμαι feast *21.89*

δαίς (δαιτ-), ἡ meal, banquet (3a) *21.290*

δαΐφρων (δαΐφρον-) wise, shrewd *21.16*

δάπεδον, τό floor (2b) *22.188*

-δε towards *21.8*

δείδω (aor. ἔδεισα) fear *21.286*

δειλός ή όν worthless, wretched *21.86*

δέπας, τό cup (3) *21.263*

δῆμος, ὁ land, district, people (2a) *22.36*

διοϊστεύω shoot through *21.76*

δῖος α ον noble, godlike *21.80*

δίφρος, ὁ chair, stool (2a) *21.177*

δμῳή, ἡ female slave (1a) *22.396*

δμώς (δμω-), ὁ slave (3a) *21.210*

δόμος, ὁ house, home, room (2a) *21.5*

δόρυ (δουρατ- or δουρ-), τό spear (3b) *22.92*

δώδεκα twelve *21.23*

δῶμα (δωματ-), τό  house,
home (3b) 21.33

**E**

ἔγχος, τό  spear (3c) 21.34
ἕζομαι  sit 21.55
εἰ δ' ἄγε  come now 21.217
εἴπεσκε = εἶπε 21.361
εἰρύομαι = ἐρύομαι  draw
22.79
ἕκηλος ον  at rest, at one's
ease, quiet 21.259
ἐκτελέω  finish 21.135
ἐλαύνω (aor. ἤλασα, ἔλασα or
ἔλασσα)  drive, strike
22.93
ἔλεγχος, τό  disgrace,
dishonour (3c) 21.329
ἕλκω  drag 21.300
ἔλπομαι  hope 21.157
ἔμεναι = εἶναι 21.173
ἔνθα καὶ ἔνθα  this way and
that 21.246
ἔνθεν  from there, from
where 21.53
ἐντανύω  bend, string 21.75
ἔντοσθε(ν) (+gen.)  (from)
within 22.171
ἐξαῦτις  again 21.206
ἐξονομάζω  utter aloud,
address by name 21.84
ἐόντα = ὄντα 22.163
ἐπιβουκόλος, ὁ  herdsman
(2a) 21.199
ἐπιτίθημι (ἐπιθε-)  put on,
place on; put to, shut
21.45
ἔπλετο  see πέλομαι 21.386
ἔραζε  to earth, to the
ground 22.20
ἐρύομαι  see εἰρύομαι 22.79
ἐρύω  draw, pull 22.176
ἔσαν = ἦσαν 21.147
ἔσκεν = ἦν impf. of εἰμί 21.94
ἔταρος = ἑταῖρος 21.216
εὐεργεσία, ἡ  good deed,
kindness (1b) 22.235

εὔξοος ον  well polished
21.92
ἐϋσταθής ές  well-built
22.120
εὔχομαι  claim, boast of
21.335

**Z**

ζωός ή όν  alive 22.177
ζώω  live 21.155

**H**

ἤ  indeed 21.325
ἦ  he spoke 21.118
ἠδέ  and 21.11
ἠέ = ἤ  or 21.89
ἤ ... ἠέ = ἤ ... ἤ  either ...
or 21.237
ἦ καί  indeed 21.131
ἤλυθε = ἦλθε 21.190
ἦμαι  sit 21.100
ἤμβροτον  aor. of ἁμαρτάνω
21.421
ἤν = ἐάν 21.237
ἠῶθεν  at daybreak 21.265

**Θ**

θάλαμος, ὁ  storeroom (2a)
21.8
θεῖος α ον  godlike, divine
21.74
θεοειδής ές  godlike 21.186
θοῶς  immediately, quickly
21.46
θρόνος, ὁ  chair (2a) 21.139
θύραζε  out of doors, out-
side, out 21.89

**I**

ἱερός ά όν  filled with
(or displaying) divine
power, supernatural,
holy 21.101
ἵημι (ἵε-, ἧκ-)  aim at, desire
21.72
ἵμεναι = ἰέναι 21.8
ἰός, ὁ  arrow (2a) 21.423

ἴς (ἰν-), ἡ  strength (3a)
21.101
ἴσχω (mid. imper. ἴσχεο)
restrain 22.356

**K**

καίω  kindle, light 21.176
καμπύλος η ον  curved
21.359
κάρα (κρατ- or κραατ-), τό
head (3b) 22.123
κάτα = κατά + acc.  through-
out, in (the position of
the accent shows that it
governs the preceding word)
21.298
κατακτείνω (κατακταν-)
kill 21.27
κατόπισθε(ν)  afterwards,
behind 22.40
κέλομαι  order 21.265
κήρ (κηρ-), ἡ  doom, death
(3a) 22.14
κίων (κιον-), ὁ/ἡ  pillar,
column (3a) 22.176
κλείω (κληΐω, κληΐσ-)  shut,
close 21.236
κληΐς (κληΐδ-), ἡ  key, bolt
(3a) 21.6
κυνέη, ἡ  helmet (1b) 22.102

**M**

μέγαρον, τό (also μέγαρα, τά)
hall(s), room(s) (2b) 21.4
μένος, τό  might; spirit,
passion (3c) 22.203
μετά (+dat.)  between, in
21.245
μετάφημι  speak among
21.140
μετεῖπον aor. of μεταφωνέω
address 21.101
μέτωπον, τό  forehead (2b)
22.86
μνάομαι  woo 21.161
μνηστήρ (μνηστηρ-), ὁ
suitor (3a) 21.3

μοῖρα, ἡ    fate, portion, lot
(1b) 21.24
μοῦνος = μόνος 22.13
μυθέομαι    speak 21.193

**N**

νέκυς, ὁ    corpse (3h) 22.271
νεμεσάω    feel just resent-
ment, be angry 21.147
νευρή, ἡ    bow-string (1b)
21.97
νήπιος a ον    child, childish,
foolish 21.85
νοστέω    return 21.204
νωμάω    handle 21.245

**Ξ**

ξίφος, τό    sword (3c) 21.34

**O**

ὁ, ἡ, τό    article used as a
relative pronoun who,
which 21.13
ὀδούς (ὀδοντ-), ὁ    tooth,
tusk (3a) 21.168
ὀδύρομαι    weep, lament,
mourn 21.226
οἶνος, ὁ    wine (2a) 21.293
ὀΐομαι = οἶμαι 21.79
οἶος a ον    alone 21.146
οἰστός, ὁ    arrow (2a) 21.12
ὀΐω    think 21.91
ὄλεθρος, ὁ    ruin, death,
destruction (2a) 22.28
ὄλλυμαι (aor. ὀλόμην)    be
killed, die, perish, be lost
21.22
ὄλλυμι (ὀλεσ-)    destroy, lose
21.88
ὁμοκλάω    shout to, threaten
21.360
ὅμιλος, ὁ    crowd (2a)
ὄπισθε(ν)    behind, later, in
the future 22.55
ὄπωπα    perf. of ὁράω 21.94
ὅς ἥ ὅ    who, which, what;
he, she, it 21.148

ὅς ἥ ὄν    his, her 21.204
ὅτε    when, since 21.116
οὐδός, ὁ    threshold (2a) 21.43
οὐλή, ἡ    scar (1a) 21.219
οὐτάω    wound, hurt 22.293

**Π**

παλάσσω (perf. pass. part.
πεπαλαγμένος)    spatter,
defile 22.184
πάντη    in every way, on
every side 21.394
παρατίθημι    place along-
side, offer 21.29
πάρος    before 21.123
πέλεκυς, ὁ    axe (3e) 21.76
πέλομαι (3rd s. impf. ἔπλετο)
be 21.386
πέπνυμαι (part. πεπνυμένος
wise)    be wise 21.343
περ (with participle)    although
21.103
περίφρων (περιφρον-)    very
wise, intelligent 21.311
πιθέω (+ dat.)    trust in
21.315, obey 21.369
πικρός ά όν    pointed, sharp,
bitter 22.8
πλέων = πλείων    more
22.13
ποικιλομήτης, ὁ    guileful
(1d, masc. adj.) 22.115
πολύμητις    full of cunning
21.274
ποτί = πρός 22.24
πότνια, ἡ    lady (1b) 21.115
που (enclitic)    I suppose
21.317
προσαΐσσω    rush to 22.337
προσαυδάω    speak, address
21.192
προσβαίνω    climb, reach
21.5
πρόσφημι    speak to, address
21.256
πτερόεις εσσα εν    winged
22.100

πτωχός, ὁ    beggar (2a)
21.292

**P**

ῥέζω    do, act, accomplish,
make sacrifice 22.46
ῥηϊδίως = ῥᾳδίως 21.92
ῥίς (ῥιν-), ἡ    nose, in pl.
nostrils, nose (3a) 21.301

**Σ**

σάκος, τό    shield (3c) 22.101
σῆμα (σηματ-), τό    sign (3b)
21.217
σίδηρος, ὁ    iron (2a) 21.3
στῆθος, τό    chest (3c) 21.87
συβώτης, ὁ    swineherd (1d)
21.362
συφορβός, ὁ    swineherd (2a)
21.80

**T**

τανύω    string 21.128
τάχα    quickly, soon 21.174
τελέω (aor. ἐτέλεσσα)
fulfil, accomplish, bring
about 22.51
τέσσαρες a    four 22.110
τεύχεα, τά    armour, harness
(3c) 22.109
τεύχω (τευξ-, τετυγ-)
make, build, bring about
21.215
τίω    honour, respect 22.370
τοξάζομαι (+ gen.)    shoot
with a bow (at) 22.27
τόξον, τό    bow (2b) 21.3
τράπεζα, ἡ    table, hospital-
ity (1c) 21.28
τροφός, ἡ    nurse (2a) 21.380
τώ    the two of them (dual
nom. of ὁ ἡ τό) 21.15
τῷ    therefore, then 21.184

**Y**

ὑπερβασίη, ἡ    transgression
(1b) 22.64

ὑπερηνορέων (ὑπερηνο-
ρεοντ-) overbearing,
arrogant *21.361*

ὑπόδρα askance, grimly
*22.34*

ὗς (ὑ-), ὁ, ἡ pig (3h) *21.363*

ὑφορβός, ὁ swineherd (2a)
*21.80*

ὑψηλός ή όν high *21.5*

**Φ**

φαρέτρη, ἡ quiver (1b)
*21.11*

φάσγανον, τό sword (2b)
*22.74*

φάτο = ἔφατο (φημί) *21.80*

φέρτερος α ον better *21.154*

φθέγγομαι (φθεγξ-) speak,
address, utter *21.192*

φορέω carry *21.32*

φόρμιγξ (φορμιγγ-), ἡ lyre
(3a) *21.406*

**X**

χάζω deprive of *21.153*

χάλκεος α ον = χαλκοῦς ῆ
οῦν made of bronze
*22.80*

χαλκήρης ες armed (or
tipped) with bronze
*22.92*

χαλκός, ὁ bronze, copper
(2a) *21.10*

χαμᾶζε on(to) the ground
*21.136*

χθών (χθον-), ἡ earth,
ground (3a) *22.86*

χλαῖνα, ἡ cloak (1c) *21.118*

χολόομαι (perf. κεχολῶμαι)
be angered, be angry
*22.59*

χρυσός, ὁ gold (2a) *21.10*

**Ω**

ὦκα at once, immediately
*21.50*

ὤκιστα most quickly
*22.77*

ὠκύς εῖα ύ swift *21.138*

ὦ πόποι exclamation of
surprise, anger or pain,
*21.102*

# DETAILS OF PHOTOGRAPHS
# AND DRAWINGS

Unless otherwise stated, the photographs have been supplied by the museums and individuals listed.